Sabine Eilmsteiner

Essbare Landschaft

Speisekammer Natur – sammeln ◆ verarbeiten ◆ haltbar machen

Entdecken Sie mehr mit der

FREYA-BÜCHER-APP!

INTERAKTIVES LESEVERGNÜGEN MIT DER FREYA-BÜCHER-APP!

Ab sofort können Sie unsere Bücher mit der kostenlosen App interaktiv entdecken. Videos, Zusatzinhalte und mehr Informationen aus den Freya Büchern steigern Ihr Lesevergnügen und bieten Ihnen faszinierende Einblicke.

So einfach geht's:

1. Laden Sie die kostenlose Freya-Bücher-App im Google Play Store oder im Apple App Store auf Ihr Smartphone oder Ihr Tablet.
2. Wählen Sie Ihr Buch aus der Liste in der Freya-Bücher-App aus und drücken Sie auf *Bild scannen*. Automatisch wird Ihre Kamera aktiviert.
3. Halten Sie Ihr Smartphone oder Ihr Tablet jeweils über die Bilder in Ihrem Buch, die mit einem kleinen Handysymbol versehen sind.
4. Dann öffnen sich die zusätzlichen interaktiven Elemente von selbst. Schon haben Sie Zugang zu weiteren Informationen und Videos aus dem Buch.

Bilder mit diesem Symbol scannen

Hinweise:

Sollten die Bilder von der App nicht erkannt werden, stellen Sie bitte sicher, dass das Buch ausreichend beleuchtet ist, und verringern Sie gegebenenfalls den Abstand zur Kamera. Ihr elektronisches Gerät muss mit dem Internet verbunden sein.

ISBN 978-3-99025-469-1

Layout:_freya_art, Mag. Regina Raml-Moldovan
Lektorat: Mag. Dorothea Forster
Videos: Pia Paulinec

printed by GPS-Group

Fotos: Sabine Eilmsteiner, weitere Seite 272

READ GLOBAL BUY LOCAL

FSC www.fsc.org MIX Papier | Fördert gute Waldnutzung FSC® C118234

Anmerkung:
Die Ratschläge und Rezepte in diesem Buch wurden von der Autorin sorgfältig erwogen und geprüft, dennoch kann eine Erfolgsgarantie bei den empfohlenen Anwendungen und Rezepten nicht gegeben werden. Eine Haftung der Autorin bzw. deren Beauftragter für Personen-, Tier-, Sach- oder Vermögensschäden wird nicht übernommen.

Sabine Eilmsteiner

ESSBARE LANDSCHAFT

Speisekammer Natur

sammeln • verarbeiten
haltbar machen

freya

Inhalt

Inhalt

Essbare Gärten ... 175

Pilzreich ... 234

Nahrhaftes – darüber hinaus ... 259

Rezeptindex

Vorwort

Schon lange begleiten mich die Themen Wildkräuterküche, Notnahrung und Krisenvorsorge – wobei ich stets wissbegierig bin, meinen Horizont zu erweitern.

Es gibt zwar eine Vielzahl von Kräuterkochbüchern und so manchen Survivalführer – doch das Szenario, im gegenwärtigen Alltag plötzlich keine Lebensmittel mehr kaufen zu können, findet wenig Beachtung. Was wäre, wenn Lebensmittel (aus welchen Gründen auch immer) plötzlich rationiert oder begrenzt wären? Wohlgemerkt mit den Vorzügen und dem Komfort eines Hauses oder einer Wohnung. Ob nun in den eigenen vier Wänden oder bei Bekannten und Freunden – Trinkwasser und die Möglichkeit zum Heizen und Kochen werden vorausgesetzt.

In solchen Gedankenspielen liegt das Augenmerk bei den bei uns vorkommenden, häufigen und vor allem nahrhaften Pflanzen, auf ergänzenden Nahrungsquellen, die zu den verschiedensten Jahreszeiten verfügbar sind und mit dem mehr oder weniger guten Equipment eines Haushalts zubereitet werden können.

Doch wie steht es mit unserer Umgebung?

Ausgeräumte Landschaften, Parkanlagen mit ortsfremden und zumeist auch giftigen Gewächsen, Monokulturen, Schottergärten mit Kirschlorbeer und Buchs, traurige Rollrasenplätze – wir berauben uns immer mehr der nahrhaften Landschaft unserer Vorfahren. Bunte Hecken, Wälder und naturnahe Gärten sind nicht nur gelebte Krisenvorsorge, sondern auch Artenschutz, Lebensgrundlage vieler selten gewordener Tiere.

In diesem Buch möchte ich aufzeigen, welche Pflanzen im Hinblick auf Notnahrung interessant sind – in ganz einfachen, auch für Laien verständlichen Worten. Von hochkalorischen Nüssen heimischer Baumarten über Blattwerk zum Strecken von Mehl bis hin zu ergiebigen Früchten und Samen oder schmackhaften Zierpflanzen aus Garten und Parkanlage. Nicht zuletzt braucht es natürlich auch Anleitungen, um die Schätze der Natur verarbeiten und lange haltbar machen zu können – vorzugsweise mit leicht erhältlichen, heimischen Zutaten. Aus meinem Erfahrungsschatz will ich hier manch brauchbares Rezept mit Ihnen teilen – abwechslungsreich und praktikabel – vom selbst gemachten Essig bis hin zu darin eingelegten Buchenkeimlingen.

Beim Schreiben wurde mir immer wieder bewusst, wie kostbar es ist, sich immer und jederzeit den Bauch vollschlagen zu können. Wie wertvoll jeder Tropfen Öl und jedes Quäntchen Mehl in solchen Gedankenspielen ist. Die aktuelle Lebensmittelverschwendung, die schnelle Fertigprodukteküche mit oftmals minderwertigen, industriell verarbeiteten Zutaten ist eine bedenkliche Entwicklung. Es fehlt oft die Zeit – vom Anbau über das Sammeln/Ernten bis hin zum Kochen.

Eine Entfremdung von der Natur zeigt sich in so vielen Aspekten unseres modernen Lebens. Es tut mir im Herzen weh, wenn ich sehe, dass unter den Argumenten *es macht Mist* oder *es nimmt Platz und Licht* alte Linden gefällt werden, Apfelbäume einem Rasen weichen müssen oder eine bunte Feldhecke unter einem Bagger ihr Leben lässt.

Unser Wahn nach Perfektion, nach Kontrolle der Natur und vor allem der Aspekt der Wirtschaftlichkeit vernichten so vieles – bis ein junger Baum oder ein Gehölz wieder Früchte trägt, können je nach Art viele Jahre vergehen. Zum Glück kenne ich auch viele sehr bewusste Menschen – die im Kleinen oder auch Großen für sich oder in Gemeinschaft Vielfalt schaffen.

Lasst uns erhalten und natürlich auch beginnen zu pflanzen – als Wegbereiter essbare Landschaften.

Streuobstwiese im Mühlviertel (Oberösterreich)

Von Pflanzen, Krisenzeiten und Nährstoffen

Richtige Bestimmung

Ich möchte darauf hinweisen, dass dieses Buch keinen Pflanzenführer ersetzt – eine sichere Bestimmung der Kräuter, Gehölze oder Pilze mit weiterführender Literatur ist unabdingbar. Verfügt man bereits über eine gewisse Artenkenntnis, kann man auch Pflanzenbestimmungsapps zur Unterstützung verwenden. Im Anhang finden sich Empfehlungen. Streifzüge mit pflanzenkundigen Menschen, Seminare und Videos – vieles kann dazu beitragen das eigene Pflanzenwissen über Löwenzahn und Gänseblümchen hinaus zu erweitern.

Realistisches Ziel – drei neue Pflanzen pro Jahr kennenlernen und mit diesen aktiv in der Küche arbeiten. Am besten erkundet man die eigene Umgebung, prüft sie auf *Essbarkeit*, macht sich die Pflanzen- und Pilzwelt vor der Haustür und in der näheren Gegend vertraut – Spaziergänge werden damit zu spannenden Entdeckungstouren.

Im deutschsprachigen Raum gibt es zum Glück nur sehr wenige tödlich giftige Wildpflanzen. Blauer Eisenhut, Herbstzeitlose, Maiglöckchen, Eibe, Gefleckter Schierling, Hundspetersilie und Tollkirsche sollte man als stark giftige und teilweise häufigere Vertreter in der Natur erkennen können. Im Anhang befindet sich ein Link zu einer ausführlichen Liste von stark giftigen Pflanzen.

Blauer Eisenhut (*Aconitum napellus*)

Vergiftungen können sich auf sehr unterschiedliche Art äußern, was Zeitpunkt und auch Symptome betrifft – unter anderem können Beschwerden wie Brennen des Rachens, Übelkeit, Bauchschmerzen bis hin zu Schwindel, Krämpfen und Kopfschmerzen auftreten. Bei Verdacht auf eine Vergiftung ist immer die länderabhängige Giftnotrufzentrale zu kontaktieren (diese lässt sich auch über die gängigen Notrufnummern erreichen) und es sollte die als giftig erachtete Pflanze bereitgehalten werden. Hat man in einer Krisensituation keine Möglichkeit auf ärztliche Hilfe und vermutet eine Vergiftung, sollte man mit dem Finger einen Brechreiz auslösen und anschließend ausreichend Wasser trinken. Es ist von Vorteil das Erbrechen mehrfach herbeizuführen, bis der Magen mehr oder weniger leer ist. Um die Wirkung von Pflanzenmaterial, das bereits in den Darm weitergewandert ist, abzumildern, empfiehlt es sich Holzkohle zu zerstoßen, mit Wasser zu mischen und zu trinken – hierbei rechnet man grob ein Gramm Holzkohle pro Kilogramm Körpergewicht.

Holzkohle ist nichts anderes als die *Überreste* eines ausschließlich mit Holz befeuerten Lagerfeuers – vorzugsweise werden die schwarz verkohlten, ausgekühlten Holzstücke von Buche oder Birke verwendet bzw. sollten Kohletabletten eigentlich in keiner guten Hausapotheke fehlen. Im Fall des Falles werden dann auch diese hochdosiert eingenommen.

Schwangere sollten bei der *Wildküche* allgemein besonders vorsichtig sein und lieber keine unnötigen Experimente wagen. Manche Wildpflanzen erhöhen die Durchblutung im Unterleib und können unter Umständen eine Fehlgeburt auslösen.

Krisenzeiten im Wandel

An die letzte Notzeit in den Kriegs- und Nachkriegsjahren des Zweiten Weltkriegs können sich nur noch wenige erinnern. Viel hat sich seither gewandelt. Wenn einst die Städter in die Dörfer gingen, um sich dort mit Grundnahrungsmitteln zu versorgen, wäre das heutzutage bedeutend schwieriger. Höfe, auf denen es von Kartoffeln über Kraut, Mehl, Eier bis hin zu Milchprodukten und Fleisch alles gibt, sind selten geworden. Es ist einfach wirtschaftlicher sich auf die Produktion weniger Güter in großer Menge zu spezialisieren. Viele Landwirte sind auf Maschinen, Strom, Dünge- und Spritzmittel angewiesen – weite Transportwege sind zur Selbstverständlichkeit geworden. So gesehen würde eine Krise diesmal wohl nicht nur der städtischen Bevölkerung und den zahlreichen Einzelhaushalten zusetzen.

In solchen Ausnahmezuständen (die hoffentlich nie eintreten werden) würde die Natur in Form von hochkalorischen Nüssen, nahrhaften Samen, Früchten und Wurzeln teilweise Ersatz bieten bzw. beim Strecken vorhandener Vorräte helfen. Es bräuchte wohl einige Zeit, um sich an die geänderte Kost zu gewöhnen. Ein hoher Anteil an Ballast- und Wirkstoffen kann durchaus anfänglich zu Durchfall und Bauchschmerzen führen. Wir würden unserer Gesundheit schon jetzt Gutes tun, wenn wir (zumindest auf *Teilzeit*) wieder mehr auf die *wilde Küche* setzten. Werden wir selbst wieder zum Gestalter von naturnahen Gärten und essbaren Landschaften – und sei es nur über den begrenzten Platz eines Balkons. Es ist eine Freude, wenn man die gepflanzten Kostbarkeiten durch die Jahreszeiten und Jahre begleitet, von den ersten zaghaften Blüten bis zu der ersten großen Ernte. Fehlt es an Platz und Möglichkeit, kann man sich auch bei Gemeinschaftsprojekten von Gemeinden, Städten oder Vereinen bzw. auf regionalen Höfen als Helfer einbringen. Auch der Einkauf in (Bio) Hofläden unterstützt Betriebe in ihrer Direktvermarktung und damit die naturnahe, klein strukturierte Landwirtschaft.

Grundlegendes

- Gesammelt wird nur, was zweifelsfrei bestimmt werden kann
- geerntet wird nur dort, wo es erlaubt ist (geklärte Besitzverhältnisse, spezifische Regeln in Naturschutzgebieten) und in Achtsamkeit (dort wo Fülle herrscht und nur so viel, wie man selbst wirklich benötigt – ohne Bestände zu gefährden)
- Sammelgut muss immer in sauberem und in einwandfreiem Zustand sein
- durch zügiges und vollständiges Trocknen haben Fäulnisbakterien und Schimmelbildung keine Chance
- Zucker, Salz, Essig oder Alkohol sind hervorragende Konservierungsmittel – desto mehr bzw. hochprozentiger, desto besser
- Luftabschluss und Keimabtötung durch Sterilisieren (Einkochen) oder Fermentation hemmen den Verderb
- zum Fermentieren und Einkochen/Einlegen sollte nur Natursalz verwendet werden – Jodsalz wirkt sich negativ auf Konsistenz und Haltbarkeit aus
- sehr fettreiche Nüsse und Samen können in der Schale gelagert werden (Walnüsse, Sonnenblumenkerne, Haselnüsse ...), kohlenhydratreiche Früchte verarbeitet man lieber zeitnah zu Mehl (Eicheln, Edelkastanien ...)
- Gläser für die Bevorratung und Deckel sollten immer gut ausgekocht werden (10 Minuten in sprudelndem Wasser), penibelste Sauberkeit ist bei der Bevorratung unbedingt nötig
- das Schälen von Wurzelgemüse ist in den meisten Fällen *Luxus* – gutes Reinigen unter fließendem Wasser (mit einer Handbürste) reicht in den meisten Fällen aus
- am ressourcenschonendsten und bekömmlichsten ist die Zubereitung von Suppen, Eintöpfen und Breien – sofern man Milch(produkte), Eier, Mehl und Fett sparsam einsetzen müsste

- bei Rohkost ist es von Vorteil, wenn die Zutaten klein geschnitten bzw. gut gekaut werden – auch Salate oder grüne Smoothies können so zu einer hochwertigen Mahlzeit werden
- damit die energiereichen Öle in Samen und Nüssen aufgeschlossen werden, sollte man diese vor dem Kochen anmörsern/zerkleinern
- mit dem Wissen um essbare und nahrhafte Pflanzenteile/Pilze kann gemeinsam mit den vorhandenen Vorräten alles Mögliche *gezaubert* werden – man sollte sich mit kleinen Experimenten herantasten, falls eine Kreation doch einmal ungenießbar wird
- um Nährstoffe gut verarbeiten bzw. essenzielle Aminosäuren in höchstmöglicher Menge aufnehmen zu können, sollte man immer auf Vielfalt setzen und verschiedenste Lebensmittel miteinander kombinieren

Kleine Nährstofflehre mit den wichtigsten Fakten

Der Energiewert von Lebensmitteln wird in kj (Kilojoule) oder kcal (Kilokalorien) angegeben. 1 kcal = 4,184 kj

Wie viel Energie wir täglich brauchen, richtet sich nach dem Alter (desto jünger, desto mehr), dem Geschlecht (Männer haben einen höheren Umsatz), der Körpergröße und der Tätigkeit. So ergibt sich hier ein recht unterschiedlicher Bedarf von etwa 3500 bis 1200 kcal/Tag. In Krisenzeiten würden wir uns aber wahrscheinlich kaum mit Kalorienzählen aufhalten, sondern Essbares einfach essen und zusehen, dass wir mit den uns zur Verfügung stehenden Mitteln lange auskommen und satt werden. Strecken und Aufpeppen von Vorräten würde ebenso Thema werden, wie neue Wintervorräte schaffen.

Aus energetischer Sicht betrachtet, sind es in unserer Ernährung nicht nur die Kalorienwerte, die zählen. Hochwertige, licht- und erdverbundene Nahrungsmittel versorgen uns optimal mit essenziellen Nährstoffen – dies bestätigt auch die Wissenschaft, denn einzeln (zum Beispiel in Kapseln) zu sich genommene Vitalstoffe (Stoffe, die für die Funktion des Körpers überlebenswichtig sind und über die Ernährung aufgenommen werden müssen) bewirken manchmal weniger als lebendige Vielfalt. So gesehen ist der beste Rat – nahrhafte, vielfältige Landschaften schaffen, verschiedenste Lebensmittel bunt kombinieren und mit Achtsamkeit und Freude verarbeiten.

Unsere Nahrung besteht aus drei Energielieferanten

KOHLENHYDRATE

Hier unterscheidet man im Groben Zucker und Stärke. Zucker (Früchte, Haushaltszucker, Honig) kann über die Blutbahn schnell zu den Muskeln oder ins Gehirn gelangen und gibt rasche Energie. Stärke (Getreide, Reis, Kartoffeln, Hülsenfrüchte, Wurzeln, Samen ...) wird erst im Körper zu Zucker umgewandelt und hält daher länger an. Nehmen wir mehr Kohlenhydrate zu uns, als wir für den Stoffwechsel benötigen, wandelt der Körper sie in Fettreserven um. Kohlenhydrate sind in allen Pflanzen enthalten, liefern in der reinen Form 410 kcal/100 g und sollten in etwa die Hälfte unserer Ernährung ausmachen.

Ballaststoffe zählen ebenso zu den Kohlenhydraten – sie können aber nicht im klassischen Sinne verdaut werden und liefern in der Regel wenig bis gar keine Energie. Mit Hilfe von Darmbakterien ist es möglich einige Ballaststoffe (z. B. Inulin) in kurzkettige Fettsäuren umzuwandeln und so für uns verfügbar zu machen – im Durchschnitt sind das 2 kcal/1 g. Die Ballaststoffe finden sich vor allem in der pflanzlichen Ernährung und sind durchaus wertvoll, da sie uns trotz geringerer Energiedichte des jeweiligen Lebensmittels gut satt machen und die Verdauung positiv unterstützen.

FETTE

aus tierischer oder pflanzlicher Quelle; unterscheidet man grundsätzlich in gesättigte und (mehrfach) ungesättigte Fettsäuren. Letztere sind für den Körper wertvoller und beinhalten auch die essenziellen Fettsäuren, die der Körper selber nicht bilden kann und über die Nahrung aufnehmen muss. Besonders wichtig scheint hier die Omega-3-Fettsäure, die man jedoch in Krisenzeiten auch gut über Nüsse, Samen, aber auch Gemüse zu sich nehmen kann. Fette sind mit 910 kcal/100 g die wichtigsten Energielieferanten und sollten zu etwa 30 Prozent unsere Nahrung ausmachen. Fette sind für die Aufnahme von Vitamin A, D, E und K Grundvoraussetzung – eine kleine Menge reicht bereits aus.

EIWEISS (PROTEINE)

ist unerlässlich für unsere Körperfunktionen und wir finden es in Fleisch, Eiern und Milchprodukten, aber auch in Kürbiskernen, Hülsenfrüchten, Nüssen, Pilzen und Gemüse. Knospen, Sprossen und Blätter zählen ebenso zu Eiweißquellen. Es gibt neun verschiedene essenzielle Aminosäuren. Um sie gut aufnehmen zu können, kombiniert man am besten verschiedenste Lebensmittel miteinander. Eiweiß liefert ebenso wie die Kohlenhydrate 410 kcal/100 g und sollte 20 Prozent der täglichen Ernährung ausmachen.

VITAMINE, MINERALSTOFFE UND SPURENELEMENTE

Mit einer ausgewogenen Mischkost (roh und gekocht) ist eine Versorgung in der Regel kein Problem, vor allem in Wildgemüse und -früchten stecken oft viel mehr davon (oftmals das 20–30-Fache) als in Supermarktprodukten. Einzig bei Vitamin B12 wird es bei einer rein pflanzlichen Ernährung eng. Ein Mangel würde sich in Sensibilitätsstörungen bis hin zu Gangunsicherheit und Lähmungen bemerkbar machen. Weitere Symptome können ein Brennen auf der Zunge und Kribbeln in Armen und Beinen sein. Abgesehen von Fleisch und Fisch findet sich das Vitamin auch in Eiern und Milchprodukten – sowie in Krisenzeiten anzudenken auch in Insekten wie Heuschrecken. In fermentierten Lebensmitteln stecken Spuren von B12 – aber leider zu wenig, um den Tagesbedarf zu decken.

Abwechslung ist definitiv von Vorteil!

Neben Vielfalt am Teller ist auch die Sonne ein wichtiger Faktor – bei Kontakt mit unserer Haut wird im Körper aus dem Provitamin D3 das Vitamin D3 gebildet.

Abgesehen von diesen wissenschaftlichen Fakten weiß man, wie sehr auch die persönliche Einstellung auf den Körper wirkt. Bewusstes Fasten kann sich befreiend anfühlen, ungewollt auf Essen verzichten zu müssen, wird dann aber schnell zur existenziellen Angst. Zudem stellt sich ohne Nahrung schon nach kurzer Zeit ein signifikanter Leistungseinbruch ein, der die Nahrungsbeschaffung zusätzlich erschwert. Sofern wir Wasser haben, kommen wir jedoch auch mit sehr kleinen, gut gekauten Mengen zurecht. Der Körper passt sich an den Nährstoffmangel an und geht in ein Art Sparprogramm über – Hungerstoffwechsel. Theoretisch könnten wir so ohne Essen sogar 30 bis 60 Tage überleben. Je nach Jahreszeit und Artenkenntnis kann man sich hier abhängig von der Region wohl doch einigermaßen *über Wasser halten*.

Symbolerklärung

Symbole für relevante, essbare Pflanzenteile:

SAMEN

KNOSPEN

BLÜTEN

BLÄTTER

FRÜCHTE

ZWIEBEL

SPROSSEN/GRÜNKRAUT

GANZES KRAUT

WURZELN

JUNGE TRIEBE

BAUMWASSER

WEITERVERARBEITUNG NÖTIG

MÖGLICHE ÜBERDOSIERUNG / UNVERTRÄGLICHKEIT

Sind in der Symbolleiste Symbole übereinander geschoben, bezieht sich dies auf den jeweiligen Pflanzenteil – zum Beispiel bei der Hundsrose auf Seite 115, bei der eine Weiterverarbeitung der Früchte nötig ist, weitere Pflanzenteile aber auch direkt gegessen werden können.

Stehen die Symbole *Weiterverarbeitung nötig* und/oder *Überdosierung möglich* alleine, beziehen sie sich auf alle Pflanzenteile – zum Beispiel beim Bärlauch auf Seite 29. Details dazu werden im Text erläutert.

Wissenswertes

Pflanzen werden zunächst in Ordnungen und in weiterer Folge in Familien zusammengefasst, innerhalb dieser unterscheidet man verschiedene Gattungen, die sich auf die jeweiligen Arten aufteilen.

Dieses System zeigt Pflanzenverwandtschaften auf und manche Aussagen lassen sich praktischerweise für eine ganze Gattung oder sogar Familien tätigen.

Ein Beispiel für die Systematik an Hand der Stiel-Eiche:

Ordnung	Buchenartige
Familie	Buchengewächse
Gattung	Eichen
Art	Stiel-Eiche

Essbares aus der wilden Natur

In artenreichen Landschaften werden wir schnell fündig – Nahrhaftes gibt es vor allem in Wäldern, entlang von Hecken und nicht zuletzt in der Nähe des Menschen. Im Spätsommer und Herbst zeigt sich die wilde Natur besonders überschwänglich. Im späten Winter und Frühling wird das Angebot gering. Die richtige Bevorratung spielt hier eine große Rolle und beginnt schon damit, genügend Gläser, Salz, Zucker, Alkohol, Öl und Essig vorrätig zu haben. Die einfachste Art und Weise Nahrhaftes zu bevorraten ist und bleibt aber das Trocknen – in der Regel stromunabhängig und lange haltbar.

Die hier genannten Arten kommen in der freien Natur vor, lassen sich aber natürlich leicht im eigenen Garten ansiedeln. Vor allem die Tierwelt profitiert von diesen heimischen Gehölzen und Pflanzen.

AHORN

Acer spec.

Ahorn ist nur eine bedingte *Notnahrungspflanze*. Beim Bergahorn (*Acer pseudoplantanus*) gelten die Samen und Keimlinge als giftig (enthalten Hypoglycin A) – beim Laub scheiden sich die Geister: Die Angaben in der Literatur sind hier recht unterschiedlich. Frühere Generationen haben den Bergahorn aber durchaus genutzt und aus seinem Laub Sauerkraut hergestellt oder es getrocknet, vermahlen und zum Strecken von Mehl verwendet.

Das noch junge Laub von Arten wie dem Feldahorn (*Acer campestre*) und dem milden Spitzahorn (*Acer platanoides*) kann man bedenkenlos ernten, trocknen und pulverisieren. Ein Geschmackstest vor dem Sammeln ist aber durchaus anzuraten, weil die Bitterstoffe innerhalb der Arten variieren. Das sogenannte Laubmehl kann zum Strecken (bis maximal 30 %) dem Brotteig untergemischt werden.

Abgesehen vom jungen Laub, sind die Keimlinge, die Blütenrispen sowie die noch hellgrünen, unreifen Samen mitsamt ihrer Umhüllung (im Mai) in moderater Menge bei Spitz- und Feldahorn essbar. Im Herbst können außerdem die energiereichen Samen dieser Arten aus den häutigen *Propellern* herausgelöst werden.

Das süße Baumwasser kann wie bei der Birke (auf Seite 34 beschrieben) wiederrum von allen Ahornarten gezapft werden.

Wissenswertes

Eines der wichtigsten Unterscheidungsmerkmale zwischen Berg- und Spitzahorn sind die Blätter. Beim Spitzahorn zeigen sich deutliche Spitzen an den glattrandigen Blättern, wohingegen der Bergahorn grob gezähnte, unregelmäßig gekerbte Blattränder aufweist.

Aber auch die Früchte können gut bei der Bestimmung helfen. Hängen die paarigen Samen mit ihren Flügeln im spitzen Winkel nach unten zeigend beisammen, ist es der Bergahorn (Eselsbrücke: Bergspitze). Hängen sie flach voneinander zeigend beieinander, handelt es sich um den ungiftigen Spitz- oder Feldahorn. Im Zweifelsfall lässt man sonst lieber die Finger von Ahornsamen und -keimlingen.

Spitzahorn

Bergahorn

Feldahorn

BÄRLAUCH

Allium ursinum

Bärlauch kommt gebietsweise (vor allem in Auen und entlang von Bächen) in großer Menge vor – es lohnt sich aber, die Pflanze auch im eigenen Garten/in der Umgebung anzusiedeln. Aus ein paar Zwiebelchen wird im Lauf der Jahre dann eine ganze Bärlauchgesellschaft. Er bevorzugt einen feuchten Standort im Halbschatten. Die jungen Blätter im Frühling sind vor allem wegen ihrer Würzkraft und ihrer gesundheitlichen Aspekte (stoffwechselanregend, antiparasitär) interessant. Als starke Heilpflanze sollte man ihn daher nicht zu exzessiv nutzen und in der Schwangerschaft sicherheitshalber rohen Bärlauch lieber ganz meiden. Ein Zuviel an frischem Bärlauch kann zu Durchfall und Magenreizung führen. Beim Sammeln gilt es sehr achtsam zu sein, denn leider gibt es ähnlich aussehende giftige Gewächse – Aronstab, Herbstzeitlose oder Maiglöckchen. Diese Blätter sollten nie in den Kräuterkorb gelangen.

Bärlauchblätter erscheinen schon ab Februar/März, duften immer intensiv nach Knoblauch. Die Pflanze bildet keine Rosetten, sondern kommt in Gruppen auf einzelnen Stielen aus den im Boden wachsenden Zwiebeln. Die Blattunterseite ist immer matt und nie glänzend. Sind diese Kriterien erfüllt, ist man auf der sicheren Seite. Die starke Würzkraft aromatisiert vielerlei Gerichte. Am besten konserviert man den Geschmack als einfaches Pesto (Seite 216), genießt ihn roh bzw. verkocht, überall dort wo eine Knoblauchnote stimmig ist. Im Übrigen sind alle *Allium*-Arten (Knoblauch, Zwiebel, Porree …) für den Menschen ungiftig – so kann in Notzeiten auch Zierlauch verspeist werden.

» VIDEO
Bärlauch

Die Bärlauchknospen können ähnlich wie Kapern oder die Buchenkeimlinge (Seite 43) eingelegt werden. Sie sind roh oder gekocht vielseitig verwendbar. Auch die Blüten sowie die Samenstände sind essbar und dienen als Würzmittel.

Bärlauchzwiebeln sind ebenso verzehrbar – werden aber natürlich nur dort geerntet, wo große Fülle herrscht. Die Erntezeit beginnt, sobald sich das oberirdische Grün einzuziehen beginnt. Ab August kann man an eindeutigen Standorten zu graben und sammeln beginnen. Sie sind scharf würzig und eignen sich vor allem gemeinsam mit anderem (Wild-)Gemüse zum Einlegen.

Wissenswertes

Als Neophyt und invasive Art tritt immer häufiger der Wunderlauch (*Allium paradoxum*) auf. Er ist etwas milder als der Bärlauch, kann aber ebenso verwendet werden. Dort wo er zu stark wuchert, kann man sich an den Zwiebelchen gütlich tun.

Wunderlauch (*Allium paradoxum*)

Bärlauchsalz

Auch wenn der Bärlauch beim Trocknen etwas an Aroma verliert, ist das Salz von ganz besonderer Würzkraft und lässt alle Gerichte einfach nur grandios schmecken.

Zutaten

- 100 g Bärlauchblätter
- 500 g Natursalz

Zubereitung

1. Die Bärlauchblätter werden gewaschen, trocken getupft, grob gehackt und zügig bei etwa 40 °C getrocknet.
2. Fertig getrocknet, werden sie fein vermahlen (Kaffeemühle, Mörser ...).
3. Salz und Bärlauchpulver werden miteinander vermischt und in Gläser abgefüllt.

Es ist ebenso möglich den fein gehackten frischen Bärlauch mit dem Salz in einem Mörser zu verreiben und die ganze Mixtur zu trocknen.

Nach dem Trocknen wird die krümelige Masse nochmals im Mörser zerstoßen und in Gläser gefüllt.

Bei dieser etwas aufwendigeren Variante behält das Salz eine intensive frühlingsgrüne Farbe – das Aroma ist eine Spur intensiver.

BIRKE

Betula pendula

Ob ihrer weiß-schwarz gemaserten, in jungen Jahren noch sehr glatten Rinde ist die Birke leicht zu bestimmen. Ihre Knospen, jungen Blätter und männlichen Kätzchen sind zwar essbar, aber relativ herb-bitter.

Die Knospen schmecken noch am mildesten und können einfach als ergänzende Notnahrung verwendet werden. Falls keine Linden, Ulmen oder Haselsträucher zur Verfügung stehen, kann auch das junge Birkenlaub getrocknet und als würziges Laubmehl genutzt werden.

Die stark entwässernde Wirkung der Birke sollte aber immer mitberücksichtigt werden und begrenzt ihren Konsum auf wenige Gramm am Tag. Von März bis April ist es möglich Birkenwasser zu gewinnen – gekocht und eingedickt, wird dieses zu Birkensirup –, eine alternative Zuckerquelle aus der Natur.

Wissenswertes

Der im Handel erhältliche Birkenzucker (Xylit) wird übrigens nicht aus Birkenwasser hergestellt, sondern in einem chemischen Prozess zumeist aus Birken- und Buchenholz bzw. Maisstängeln gewonnen.

Birkensirup aus Birkenwasser

Zucker aus der Natur. Zur günstigsten Zeit fördert der Baum über einen seiner Äste bis zu 4 Liter Flüssigkeit pro Tag. Kalte Nächte und warme Tage sind dafür optimal. Das Birkenwasser schmeckt minimal süßlich, leicht nach Kokos und kann auch pur getrunken werden.

Zubereitung

1. Das Birkenwasser wird von März bis Ende April *gezapft*. Sobald die Knospen vor dem Blattaustrieb zu schwellen beginnen, kann man (vorzugsweise bei zunehmendem Mond) einen gut erreichbaren Ast in Fingerdicke mit einer Gartenschere abschneiden. Wenn der Baum einem nicht selbst gehört, ist der Besitzer zu fragen.
2. An den verbliebenen Ast wird eine Flasche gesteckt. Diese wird mit Bändern im Baum befestigt und der Zwischenraum von Zweig und Flaschenhals so verschlossen, dass keine Insekten oder Schmutz in das Innere gelangen – mit Stoff, Klebeband, Frischhaltefolie …
3. Die Flasche kann 2–3 Tage am Baum verbleiben, sollte aber täglich kontrolliert werden – manchmal füllt sie sich äußerst schnell und kann bereits nach 24 Stunden wieder abmontiert werden. Die kleine Schnittstelle am Ast verschließt sich von selbst.
4. Der so gewonnene Birkensaft wird am Herd so lange gekocht, bis der Großteil des Wassers verdampft ist. Es bleibt ein süßer, bräunlicher, leicht eingedickter und wohlschmeckender Sirup übrig, der als Zuckerersatz dienen kann. Zum Ende des längeren Kochvorganges gilt es die Temperatur gut im Blick zu haben, damit der Birkensirup nicht anbrennt. Viel bleibt nicht übrig, aber dort wo man viele Birken oder auch Ahorn in der Nähe hat, zahlt sich diese Methode durchaus aus.
5. Der noch heiße Birkensirup wird abschließend in kleine Schraubgläser gefüllt, fest verschlossen und dunkel und kühl gelagert.

Meine Erfahrung

Wird ein Glas angebrochen, kann der Birken- oder Ahornsirup zur längeren Haltbarkeit auch mit Alkohol kombiniert werden. 1:1 gemischt, muss er vor jeder Verwendung aufgeschüttelt werden und schmeckt ein bisschen wie Eierlikör.

Wissenswertes

Immer wieder hört man im Zusammenhang mit Notnahrung auch vom Essen des Kambiums (einer sehr dünnen Schicht zwischen dem Bast und dem inneren Splintholz). In manchen Quellen wird das Kambium erst gar nicht vom Bast (der unter der äußeren Rinde liegt) unterschieden bzw. findet dann einfach beides Verwendung. Von *frisch umgestürzten ungiftigen Laub- und Nadelbäumen mit einem Messer herausgelöst, dünn nudelig geschnitten und wie Spaghetti gekocht*, kann man da an und ab lesen. Grundsätzlich ist Kambium nicht verdaulich und sollte daher unbedingt gut zerkleinert werden. Kambium/Bast wird gekocht/geröstet (optional), nach dem Trocknen zu Mehl vermahlen und auf diese Weise zum Strecken von Lebensmitteln verwendet.

Eine relativ aufwendige Methode, um an Ballaststoffe zu kommen, aber für artenarme Gegenden in der Winterzeit eine mögliche Lösung. In Notzeiten war es immer wieder üblich, das Brot zum Beispiel auch mit Sägemehl zu strecken – bis zu 25 % des Mehls wurden so ersetzt. Das sogenannte *Hungerbrot* war dementsprechend hart und klein, sättigte nur kurz.

BRENNNESSEL

Urtica dioica

» VIDEO Brennnessel

In Bezug auf Notnahrung einfach unverzichtbar. Die Blätter sind, abgesehen von einem hohen Eisen- und Kalziumanteil sowie viel Vitamin C, auch sehr eiweißreich.

Als Suppenzutat oder Spinat standen sie schon in der Steinzeit am Speisezettel. Geerntet werden sie ab dem Blattaustrieb im Frühling – immer nur die zarten, oberen Blätter. Wer eine Fläche mit Brennnesseln ab und zu mäht, kann so bis in den Herbst hinein ernten.

Die Brennnessel wirkt sehr stark entwässernd und sollte daher nur bei guter Herz- und Nierenfunktion sowie ausreichend Flüssigkeitszufuhr in größerer Menge gegessen werden.

Brennnesselblätter lassen sich auch gut trocknen und als Laubmehl im Winter verschiedensten Gerichten beifügen.

Im Sommer können die Blütenknospen und Blüten der männlichen Stauden geerntet werden und als gekochtes Wildgemüse dienen.

Die Samen (deutlich erkennbare Nüsschen) der weiblichen Pflanzen sind äußerst energiereich (ca. 250 kcal/100 g) und erscheinen in der Regel erst ab Anfang August. Sie können bis in den Herbst hinein geerntet werden. Vorzugsweise werden die Brennnesselruten, solange die Samen noch grün sind, abgebrochen und an einem warmen Ort getrocknet. Dafür kann man die dick behangenen Stängel einfach nebeneinander auf ein Tablett legen. Sobald sie gut durchgetrocknet sind, löst man die Rispen mit einem Handschuh und gibt sie in ein Sieb mit größeren Löchern – darunter einen Suppenteller. Mehrmaliges Umrühren lässt die kleinen Nüsschen durchfallen und die leeren Rispen bleiben zurück. Es ist auch möglich alles in ein großes Schraubglas zu geben und kräftig durchzuschütteln, um die Rispen von den Samen zu trennen. Beim endgültigen Abfüllen in Schraubgläser ist darauf zu achten, dass keine Tierchen in den Samen herumkrabbeln. Brennnesselsamen können als Energielieferant allen möglichen Gerichten zugefügt werden – roh oder gekocht.

Falsche Rindsuppe

für 3–4 Personen

Eine kräftigende, wärmende Suppe für kühle Frühlingstage. Die Karotten und Kartoffeln können durch wildes Wurzelgemüse (Distel, Klette, Löwenzahn ...) ersetzt und das Gericht so zu einer richtigen Steinzeitsuppe werden.

Zutaten

- 3 große Handvoll Brennnesselblätter
- 1 Knoblauchzehe
- 3 Kartoffeln
- 2 Karotten
- 1,5 l Wasser
- Olivenöl
- Suppenwürze
- Salz
- Pfeffer

Zubereitung

1. Die jungen Brennnesselblätter werden gewaschen und gemeinsam mit dem Knoblauch fein gehackt. Die Kartoffeln geschält und gewürfelt, die Karotten gereinigt und in Scheiben geschnitten.
2. Das Wurzelgemüse wird in etwas Olivenöl angebraten, die Gewürze beigegeben und kurz mitgeröstet. Brennnesselblätter und Knoblauch zugefügt und vermengt. Mit Wasser aufgegossen und mindestens 1 Stunde schwach kochen gelassen, so dass sich die Suppe leicht bräunlich/rötlich verfärbt.
3. Mit gekochten Suppennudeln, Backerbsen oder eingeschnittenem, hartem Brot wird das Gericht noch sättigender.

Solch einfache Suppen oder Eintöpfe können mit vorhandenen Vorräten wunderbar kombiniert werden. Hülsenfrüchte aus der Dose, Getreide, Nudeln oder Reis passen genauso hinein wie gesprudeltes Ei oder Eintropfteig.

Energiekekse mit Brennnesselsamen

Da sie mehrere Wochen haltbar sind, kann man diese Köstlichkeit gut auf Vorrat produzieren.

Rezept

Zutaten

- 120 g Zucker
- 150 g Butter
- 1 Ei
- 150 g Mehl
- 150 g Grieß
- ½ TL Backpulver
- 30 g Brennnesselsamen

Zubereitung

1. Zucker, Butter und Ei werden schaumig gerührt. Mehl, Grieß, Backpulver und Brennnesselsamen eingerührt und 15 Minuten quellen gelassen.
2. Der Backofen wird auf 180 °C Heißluft vorgeheizt, ein Backblech mit Backpapier belegt. Kleine Nocken werden ausgestochen, mit ausreichend Abstand auf das Backblech gelegt und 10 Minuten im vorgeheizten Backofen hell gebacken.
3. Die feste Konsistenz erhalten die Energiekekse erst nach dem vollständigen Abkühlen.
4. Zum Bevorraten gibt man sie in eine luftdichte Keksdose.

BUCHE

Fagus sylvatica

Als heimische Buchenart findet man in unseren Wäldern die Rotbuche, die an ihrem grauen, glatten Stamm und der typischen igeligen Kapselfrucht – die mit je zwei oder auch mehr Bucheckern gefüllt ist – leicht zu erkennen ist. Verwechslungsgefahr mit giftigen Pflanzen besteht bei der Buche keine.

Ab etwa Anfang Oktober fangen die ersten Früchte an herabzufallen – diese sind in der Regel hohl vom Buchenwickler zurückgelassen, was an einem kleinen Loch in der braunen Schale recht offensichtlich ist. In späterer Folge kann man dann aber – bis in den Frühling hinein – die reifen Bucheckern auf und unter dem Laub auflesen. Meist sind sie bereits aus der Kapselfrucht geschleudert worden und liegen einzeln verstreut da.

Sogenannte Mastjahre liefern dann oft eine sehr ergiebige Ernte. Legt man die Buchecker auf eine harte Unterlage und drückt sie mit einem Messerrücken vorsichtig nieder, lässt sie sich nach einem leisen Knacken mit den Fingernägeln gut öffnen. Die innere Nuss soll eine hellbraune Färbung aufweisen – ohne schwarze Flecken. In rohem Zustand sollte man sie nur in geringer Menge verzehren, da sie Alkaloide und Fagin enthalten. Das kann im Übermaß (über eine Handvoll Bucheckern bei Erwachsenen) zu leichten Vergiftungserscheinungen wie Kopf- und Bauchschmerzen führen. Wer die Bucheckern erhitzt, ist auf der sicheren Seite und kann die wertvolle Notnahrung unbedenklich auch in großer Menge genießen. Mit über 550 kcal sind die Bucheckern durchaus nahrhaft – nur das Schälen und Rösten dauert eine gewisse Zeit. Geröstete Bucheckern können auch zu Mehl vermahlen werden. Es dient zum Strecken von Getreidemehl und wird im Verhältnis 1:2 verwendet.

Das junge, säuerliche Buchenlaub im zeitigen Frühling ist in kleinen Mengen (Oxalsäure) ebenfalls essbar.

Besonders schmackhaft, aber auch nahrhaft sind die jungen Keimlinge, die sich ab April unter den alten Mutterbuchen ihren Weg ans Licht suchen. Die Keimblätter erinnern an zwei Elefantenohren, die sich langsam auseinanderklappen, und sind so gesehen zu dieser Jahreszeit mit nichts anderem verwechselbar. Sie können sehr ergiebig sein und roh (nicht in zu großen Mengen, weil bei jungen Keimlingen noch Fagin enthalten sein kann) oder gekocht Verwendung finden.

Rezept

Bucheckernsnack

Einfach und köstlich! Der Geschmack wird durch das Rösten um ein Vielfaches runder und delikater.

Zutaten

× Bucheckern

Zubereitung

1. Zunächst werden die frischen Bucheckern in eine Schüssel mit Wasser gelegt. Die *guten* Eckern sinken zu Boden, die an der Oberfläche schwimmen, kann man verwerfen.
2. Nach dem Schälen werden die Bucheckern in einer beschichteten Pfanne bei milder Hitze geröstet – dabei löst sich zum Teil die braune Außenhaut, die man aber bedenkenlos mitessen kann.
3. Die Kerne werden am besten leicht gesalzen, sofort vernascht.

Eingelegte Buchenkeimlinge

So kann man die in manchen Jahren sehr üppige Ernte wunderbar bevorraten. Am besten verwendet man eine Schere – zieht die erdige Wurzel nicht heraus und kann sauber und zügig sammeln. Eingelegte Buchenkeimlinge sind den bekannten Sojasprossen nicht unähnlich und können so wie diese in der Küche weitere Verwendung finden. Die Marinade kann, nachdem man die Buchenkeimlinge gegessen hat, noch als Salatdressing dienen.

Zutaten

- 100 g Buchenkeimlinge mitsamt dem Stängel
- 100 ml Apfelessig
- 100 ml Wasser
- 1 EL Zucker oder Honig
- ½ TL Salz

Zubereitung

1. Die Buchenkeimlinge werden gut gewaschen und ca. 3 Minuten in leicht gesalzenem Wasser blanchiert, abgeseiht und mit kaltem Wasser abgeschreckt.
2. Essig, Wasser, Zucker und Salz werden zum Kochen gebracht, die Keimlinge in kleine saubere Schraubgläser gefüllt und mit der heißen Marinade bis knapp unterhalb des Deckelrandes aufgegossen.
3. Die Gläser werden fest verschlossen und kühl und dunkel gelagert. Die eingelegten Buchenkeimlinge sollten vor dem Verzehr mindestens 2 Wochen durchziehen und sind bis zu einem Jahr haltbar.

BROMBEERE

Rubus sect. Rubus

Brombeeren waren bereits in der Steinzeit eine wichtige Nahrungsquelle, sind leicht bestimmbar und je nach Witterung sehr ergiebig. Ab Anfang August können die schwarzen Sammelsteinfrüchte geerntet werden. Ist es sehr trocken, entwickeln sie sich aber nicht ordentlich und ist der Sommer zu nass, neigen sie dazu schnell zu schimmeln – daher ist nicht jedes Jahr ein gutes Brombeerjahr.

Mit 44 kcal/100 g liegen sie im guten Mittelfeld und sind definitiv ein wichtiges Wildobst. Zeigen sich auf der Brombeere rötliche Segmente, ist das durch die (mit freiem Auge nicht erkennbare) Brombeergallmilbe verursacht – diese sind der Gesundheit zwar nicht abträglich, aber lassen die befallenen Kugeln nicht ausreifen und machen die Brombeere weniger süß und bei zu starkem Befall ungenießbar. Ich lasse betroffenen Exemplare lieber an den Ranken hängen.

Weniger schmackhaft ist auch die fade und säuerliche, sehr ähnlich aussehende Kratzbeere (*Rubus caesius*). Die auch als Ackerbeere bezeichnete Pflanze trägt kleinere, blau bereifte Früchte und hat borstige Stacheln. Als ungiftige Doppelgängerin wirkt sich eine Verwechslung so gesehen nur auf den Geschmack aus.

Die bekannten Brombeeren sind besonders durch ihren hohen Mineralstoffgehalt, im Speziellen Kupfer, und viele Vitamine interessant. Am besten werden sie deshalb roh verzehrt, halten außerdem – einmal gepflückt – nur wenige Tage. Zum Haltbarmachen bietet sich eine Vielzahl von Möglichkeiten an. Klassische Verarbeitung zu Marmelade, zu Fruchtleder (Seite 180), zügiges Trocknen, Einfrieren oder In-Alkohol-Einlegen. Überall wo die Holunderbeere verwendet wird, passt auch die Brombeere wunderbar dazu.

Im Frühling kann man die noch jungen, weichen und vor allem stachellosen Blätter und Triebe der Brombeere in die Küche einfließen lassen. Findet man im Winter/Frühling braun gefärbte Blätter, sind diese auf natürlichem Wege fermentiert. Einwandfreie Exemplare (ohne schwarze Flecken), können als geschmacklicher Schwarzteeersatz verwendet werden.

Wissenswertes

Mineralstoffe und Spurenelemente bleiben beim Erhitzen von Lebensmitteln unverändert erhalten. Viele Vitamine sind jedoch hitzeempfindlich und verringern sich beim Kochen – allen voran B1 (Thiamin), B5 (Pantothensäure) und Vitamin C. Das heißt aber nicht, dass sie vollständig verschwinden würden, und so befindet sich auch in Marmelade und Co immer noch einiges an Vitaminen.

Je nach Art des Vitamins kann auch das Einweichen/Kochen in Wasser, der Kontakt mit Sauerstoff und Licht die Konzentration laufend reduzieren.
Man sollte sich mit dem Thema aber nun wirklich nicht verrückt machen – eine möglichst ausgewogene, vielseitige Kost, mit biologischen und *erdverbundenen* Lebensmitteln führt zu einer optimalen Versorgung.

Brombeermarmelade

Ein Klassiker, der gut mit anderen Beeren oder Früchten gemischt werden kann.

Rezept

Zutaten

- 500 g Brombeeren
- 500 g Gelierzucker 1:1
- 1 EL Zitronen- oder Orangensaft (falls verfügbar)
- Zimtpulver, Zitronenschale

Bei diesem Rezept ist es auch möglich den Gelierzucker durch gewöhnlichen Zucker und Flüssigpektin zu ersetzen. Zucker verwendet man immer (falls nicht anders angegeben) 1 : 1 also 500 g Zucker auf 500 g Früchte, beim Flüssigpektin (Seite 185) braucht es ca. 63 ml für 500 g Fruchtmasse.

Zubereitung

1. Die Brombeeren werden zunächst in einem Sieb gewaschen und dann gemeinsam mit den restlichen Zutaten in einem Topf erhitzt. Unter ständigem Rühren und Zerdrücken der Beeren wird die Masse gut aufgekocht und dann bei mittlerer Hitze ca. 10 Minuten unter weiterem Rühren köcheln gelassen.
2. Für eine Gelierprobe gibt man einen Teelöffel Marmelade auf einen kalten Teller und prüft beim Erkalten die Konsistenz. Wenn der Tropfen nicht fest wird, kocht man die Konfitüre einfach noch etwas länger und wiederholt die Probe.
3. Noch heiß wird die Marmelade in zuvor ausgekochte Gläser gefüllt und mit Schraubdeckeln gut verschlossen.

Rezept

Scheiterhaufen mit Brombeere und Apfel

für 5–6 Personen

Zutaten

- 400 g Brioche oder alte Semmeln
- 4 Stk. Eiklar
- 4 Stk. Eidotter
- 300 ml Milch
- 1 EL Vanillezucker
- 70 g Zucker
- etwas Butter und Semmelbrösel
- 400 g Äpfel
- 200 g Brombeeren
- etwas Zimt

Zubereitung

1. Die Äpfel werden geschält, in Scheibchen geschnitten und mit der Hälfte des Zuckers und dem Zimt vermischt. Die frischen oder tiefgefrorenen Brombeeren werden ebenso untergerührt.
2. Milch, Dotter und Vanillezucker werden miteinander verrührt und über den in dünne Scheiben geschnittenen Brioche gegossen. Die Masse sollte an die 10 Minuten ziehen können.
3. Das Backrohr wird auf 170 °C Ober- und Unterhitze vorgeheizt. Eine Auflaufform mit Butter ausgestrichen und dann mit Semmelbröseln dünn ausgestreut.
4. Das verbliebene Eiklar wird zu Schnee geschlagen und der restliche Zucker gut eingerührt.
5. Die Apfel-Brombeer-Mischung wird unter die Briochemasse gerührt, zuletzt der Schnee untergehoben und dann in die Auflaufform gefüllt.
6. Der Scheiterhaufen wird auf mittlerer Schiene ca. 50 Minuten gebacken.

Optional kann man noch eine Eischneehaube bereiten – dafür 2 Eiklar mit 30 g Zucker zu Schnee schlagen und nach der eigentlichen Backzeit auf dem süßen Auflauf verteilen.

Bei 250 °C Oberhitze kommt der Scheiterhaufen dann nochmals für einige Minuten ins Rohr – bis sich die Schneehaube leicht braun zu verfärben beginnt. Die verbliebenen Eidotter kann man anderweitig verkochen oder schon im Vorfeld mit in die Briochemasse geben.

EBERESCHE

Sorbus aucuparia

Die Pflanze ist landläufig auch als Vogelbeere bekannt, es leuchten ab August bis September ihre orangeroten Beeren an den oft recht zierlichen Bäumen – schwer ziehen die Beerendolden die Äste dann oftmals Richtung Boden. Sie ist bei der Vogelwelt äußerst beliebt und man sollte sich mit der Ernte nicht allzu viel Zeit lassen. Die lichthungrige Baumart zählt zu den Pionierpflanzen, besiedelt Waldränder und Brachflächen, Kahlschläge und Hecken.

Die Früchte können aufgrund des hohen Parasorbinsäure- und Gerbstoffgehaltes nicht roh gegessen werden. Ausgenommen die Mährische Eberesche (*var. moravica*), die keine Parasorbinsäure enthält und die man auch gut im Garten ansiedeln kann. Um die Früchte der Gewöhnlichen Eberesche zu entbittern, werden sie am besten mehrfach eingefroren und/oder vor der Verarbeitung über Nacht in Essig eingelegt. Sobald die Früchte dann auch noch gekocht werden, ist die darmreizende Parasorbinsäure Geschichte. Die Beeren können somit zu Fruchtleder oder Marmelade verarbeitet werden oder ergeben einen herb-fruchtigen Saft. Auch zum Kandieren eignen sie sich.

In der Küche sind die Vogelbeeren sehr gut mit dem Apfel kombinierbar. Ihr Kalorienwert liegt zwischen 90 und 100 kcal/100 g und ihr hoher Vitamin-C-Gehalt verliert sich auch nach dem Kochen nicht ganz. Nachdem auch die Tierwelt in großem Maße von der Eberesche profitiert, sollte sie in keinem Garten oder Park fehlen. Ihre Fähigkeit gut mit Trockenheit auszukommen kommt als weiterer Pluspunkt hinzu.

Rezept

Vogelbeerchutney

für 5–6 kleine Gläser

Süß-herber Genuss im Glas! Besser kann man die Frucht kaum verarbeiten.

Zutaten

- 125 g Ebereschenbeeren
- 2 kleine Äpfel
- 100 ml Apfelessig
- 100 ml Birnen- oder Apfelsaft
- 500 g Zucker
- 2 EL gemahlene Senfkörner

Zubereitung

1. Die entstielten Vogelbeeren werden über Nacht in Essig eingelegt und vor dem Verarbeiten abgeseiht.
2. Die Äpfel werden geschält, das Kerngehäuse entfernt und in kleine Stücke geschnitten.
3. Alle Zutaten (bis auf die Senfkörner) werden in einem Topf unter zeitweiligem Rühren zum Kochen gebracht und so lange gekocht, bis alle Früchte weich sind.
4. Die Masse wird püriert (optional), die gemahlenen Senfkörner untergerührt und alles noch heiß in zuvor ausgekochte Gläser gefüllt.
5. Fest zugeschraubt werden diese kurz auf den Kopf gestellt und anschließend auf einer weichen Unterlage und zugedeckt abkühlt.

Das Vogelbeerchutney passt besonders gut zu Käse, aber auch zu Weißbrot und Wildfleisch.

Es hält sich mindestens 6 Monate bis 2 Jahre. Solange die Deckel sich nicht nach außen wölben, es beim Öffnen hörbar knackt und die Oberfläche unauffällig ist, kann es verzehrt werden.

EDELKASTANIE

Castanea sativa

In klimatisch günstigen Regionen findet man die Edelkastanie durchaus auch in unseren Wäldern – in Österreich, der Schweiz sowie auch in Deutschland gebietsweise sogar sehr häufig. In diesen milden Gegenden waren sie so wie im Mittelmeerraum bereits in Kriegs- und Notzeiten unentbehrliche Nahrung. Die kohlenhydratreichen Früchte sättigen gut und liegen mit 210 kcal/100 g im guten Mittelfeld der nahrhaften Lebensmittel.

Spricht man von Maroni, bezeichnet dies eigentlich eine spezielle Zuchtform mit größeren, leichter zu schälenden Früchten. Mit der Klimaerwärmung kommen beide Varianten grundsätzlich gut zurecht, schätzen auch im Garten einen warmen, geschützten Ort mit viel Platz. Mittlerweile werden Hybriden (die sich selbst bestäuben können) und frostunempfindlichere Sorten, in denen die chinesische bzw. japanische Kastanie eingekreuzt wurde, im Handel angeboten – hier lässt man sich am besten in der Gärtnerei des Vertrauens beraten.

Die Esskastanien – in ihren stacheligen Hüllen – fallen ab Ende September, Anfang Oktober von den Bäumen und geben dabei oft schon ihren Inhalt frei. Taube Kastanien erkennt man daran, dass sie zusammengeschrumpelt und klein wirken, verzehrbare Nussfrüchte sind goldbraun, prall und bauchig. Am Anfang der Saison fallen vor allem noch die kleineren Früchte ab – da braucht es oft etwas Geduld auf ein paar windige Tage, um richtig gut ernten zu können.

Verwechslungsgefahr besteht mit der für den Menschen giftigen Rosskastanie. Die Schale ist bedeutend weniger stachelig, die Früchte rund und mit einem matten Nabelfleck. Rosskastanien (Seifenbaumgewächse) sind zwar beliebte Alleebäume, aber abgesehen vom Objekt instinktiver Sammelbegierden, Bastelmaterial und Basis für Waschmittel, ist sie für das Thema Notnahrung leider nicht relevant. Sie ist mit ihrer Vielzahl an Saponinen nicht essbar und mit der Edelkastanie auch nicht verwandt.

Hat man nun die Esskastanie einwandfrei bestimmt oder im eigenen Garten stehen, können je nach Jahr oft große Mengen geerntet werden. Nachdem die Edelkastanie auch für die Tierwelt eine nahrhafte Winternahrung darstellt, sollte man immer nur so viel mitnehmen, wie man auch wirklich braucht. Sie halten sich zu Hause ohnehin nur sehr bedingt (kühl, trocken und dunkel gelagert) und sollten rasch, innerhalb von etwa 2 Wochen weiterverarbeitet werden.

Rezept

Gekochte Esskastanien

Basis für jede Weiterverarbeitung oder zum ganz klassischen Genuss – pur mit etwas Salz.

Zutaten

- Edelkastanien

Zubereitung

1. Die Edelkastanien werden zunächst in Wasser gegeben – Exemplare, die oben schwimmen, sind auszusortieren.
2. Die Nussfrüchte werden dann auf der gewölbten Oberseite kreuzförmig eingeschnitten. Da es durchaus herausfordernd ist, auf dem glatten Maronirücken nicht mit dem Messer abzurutschen, empfiehlt sich hier ganz klar ein Maronenschneider. Die Edelkastanie wird in die Zange gelegt und einmal zusammengedrückt – perfekt und ohne großen Zeitaufwand ist sie so für die Weiterverarbeitung vorbereitet.

Variante 1

Anschließend werden die Kastanien ca. 20 Minuten in leicht gesalzenem Wasser gekocht und noch warm geschält.

Variante 2

Der Backofen wird auf 200 °C Ober- und Unterhitze vorgeheizt und eine hitzefeste Schale mit Wasser am Backofenboden platziert.

Die Kastanien werden mit den Schnitten nach oben auf ein mit Backpapier ausgelegtes Backblech gegeben. Achtung: Sind die Schnitte zu oberflächlich gesetzt, kann es im Rohr schon einmal zu einer kleinen Kastanienexplosion kommen.

Nun werden die Kastanien für etwa 25–30 Minuten im Rohr gebacken, danach wird die Ofentür geöffnet und die Keschden ruhen noch etwas nach.

Anschließend schlägt man sie in ein feuchtes Tuch und schält sie in noch warmem Zustand.

Kastanienmehl

Ein durchaus lagerfähiges Produkt (teilweise bis zu über einem Jahr haltbar). Um die gewünschten Backeigenschaften zu erhalten, wird Kastanienmehl in der Regel nur bis zu einem Anteil von 25 % verwendet. In klassischen Mehlrezepten braucht es oftmals eine etwas erhöhte Flüssigkeitszugabe.

Da Kastanienmehl auch deutlich süßer schmeckt, kann man bei Mehlspeisen den Zuckeranteil reduzieren. Das schmackhafte Mehl neigt dazu Klumpen zu bilden – daher wird es vor dem Kochen oder Backen bei Bedarf einfach durch ein Sieb gestrichen und sollte immer luftdicht und trocken gelagert werden.

Zutaten

- Edelkastanien

Zubereitung

1. Die gekochten und geschälten Kastanien werden durch eine Kartoffelpresse gedrückt (Kastanienpüree) oder grob mit den Händen zerbröselt und auf ein mit Backpapier vorbereitetes Backblech gelegt.
2. Bei ca. 40 °C wird die Masse gut getrocknet (Backrohr, auf dem Kachelofen, Dörrautomat ...) und anschließend fein vermahlen oder gemixt.

Rezept

Rezept

Kastaniennudeln

für 4 Personen

Dieses einfache Rezept kommt mit wenig Zutaten aus. Getrocknete Nudeln lassen sich sehr gut bevorraten – luftdicht und lichtgeschützt gelagert halten sie mindestens drei Monate.

Kastaniennudeln schmecken als Mehlspeise, aber natürlich auch mit Saucen, in Suppen oder einfach nur mit Olivenöl, Knoblauch und Salz.

Zutaten

- 200 g Kastanienmehl (gesiebt)
- 100 g griffiges Weizenmehl
- 3 große Eier
- Salz
- ev. etwas kaltes Wasser

Rezept

Zubereitung

1. Aus den Zutaten wird ein geschmeidiger Teig geknetet – das dauert etwas. Wasser wird in ganz kleiner Menge nur bei Bedarf hinzugegeben (der Teig darf nicht an den Händen kleben!). Er wird anschließend in Frischhaltefolie eingeschlagen und etwa 1 Stunde bei Zimmertemperatur ruhen gelassen.
2. Nun wird der Teig auf einer bemehlten Oberfläche so dünn wie möglich ausgerollt, mit Mehl bestäubt, zusammengerollt und in die gewünschte Form geschnitten.
3. Die Nudeln können gleich verkocht werden – dafür für einige Minuten in kochendes, leicht gesalzenes Wasser geben und bissfest garen oder die Nudeln auf einem Geschirrtuch, einem Tablett oder Ähnlichem zwischen 35–40 °C für 48 Stunden trocknen. Als Wärmequelle eignet sich ein leicht geöffnetes Backrohr, ein auskühlender Holzherd, ein Kachelofen, Heizkörper ... Sobald sie sich knackend durchbrechen lassen, kann man sie in luftdichten Vorratsdosen oder Ähnlichem aufbewahren.

Wissenswertes

Wird der Nudelteig ohne Salz zubereitet, kann ein allfälliger Nudelüberschuss einfach getrocknet werden. Salz im Teig würde Feuchtigkeit anziehen und die Nudeln nicht so gut durchtrocknen lassen.

Kastaniennudeln mit Wildspinat

für 3–4 Personen

Nahrhaft und sättigend!

Zutaten

- 2 große Handvoll Wildkräuter (Melde, Giersch, Brennnessel ...) – können auch durch Spinat ersetzt werden
- 1 Knoblauchzehe
- 1 Becher Schlagobers (optional)
- etwas Olivenöl, Wasser
- 1 EL Maisstärke
- Bärlauchsalz
- Kastaniennudeln
- Butter

Zubereitung

1. Der Knoblauch wird geschält und fein gehackt. Die Wildkräuter gewaschen und klein geschnitten.
2. Der Knoblauch wird in wenig Olivenöl kurz bei geringer Hitze angebraten, die Kräuter beigegeben und unter Rühren mit Salz gewürzt.
3. Nun wird etwas Wasser und ein Becher Schlagobers angegossen und die Kräuter bei mittlerer Hitze ca. 20 Minuten köcheln gelassen.
4. Dann werden die Nudeln (entweder getrocknet oder frisch) bis zur gewünschten Bissfestigkeit gekocht, abgeseiht, kalt abgespült und in leicht gesalzener Butter bei wenig Hitze geschwenkt.
5. Der Spinat wird püriert (optional).
6. In wenig Wasser (ca. 20 ml) wird mit dem Schneebesen 1 EL Stärke eingerührt und unter den kochenden Spinat gerührt. Vorzugsweise rührt man nicht gleich alles ein und prüft, ob die Konsistenz auch mit weniger schon passen würde. Bei Bedarf kann zum Binden auch etwas Lindenlaubmehl verwendet werden.
7. Abschließend wird der Spinat nochmals abgeschmeckt und mit den Nudeln serviert.

Dinkelbrot mit Kastanienmehl

Brot ist und bleibt ein sättigendes Grundnahrungsmittel. Dieser eher flache Brotlaib bildet eine herrliche Knusperkruste und wird so zu einem ganz besonderen Genuss.

Zutaten

- 400 g Dinkelmehl
- 100 g Kastanienmehl
- 1 Pkg. Trockenhefe
- 350 ml lauwarmes Wasser
- 2 TL Kräutersalz
- 1 TL Brotgewürz (Kümmel, Koriander, Fenchel)
- Prise Zucker

Zubereitung

1. Die gesiebten Mehle werden gemeinsam in einer weiten Schüssel mit den Gewürzen vermischt.
2. Die Hälfte des Mehls wird mit der Trockenhefe und dem Wasser zu einem Brei verrührt, abgedeckt und für 30 Minuten an einem warmen Ort gehen gelassen.

Beim Experimentieren hatte ich noch etwas gebratene Haselkätzchen übrig. Ich habe sie fein gemixt und einen Teil des Dinkelmehles (ca. 20 g) dadurch ersetzt. Das Aroma wurde außergewöhnlich rund, mit einer ganz leichten herben Note. In ein Geschirrtuch eingeschlagen lagerte ein kleiner Teil des Brotes dann mehrere Monate in der Küche – ohne zu schimmeln. Der harte Laib ließ sich später in kleine Stücke brechen und in einer Suppe nochmals genießen.

3. Alle Zutaten werden nun miteinander vermischt und gut durchgeknetet, bis ein geschmeidiger Teig entsteht (ggf. noch etwas Dinkelmehl beifügen) – dieser wird auf ein großes, bemehltes Brett gelegt, mit Mehl bestäubt und abgedeckt.
4. Man lässt ihn auf die doppelte Größe aufgehen und löst ihn dann vorsichtig mit einem Küchenwender vom Untergrund, um ihn dann wieder abzusetzen, erneut mit etwas Mehl einzustauben und nochmals 30 Minuten gehen zu lassen. Diesen Vorgang wiederholt man insgesamt drei Mal (ohne den Teig nochmals durchzukneten).
5. Bei der letzten Rastzeit wird am Boden des Backofens ein hitzestabiler, wassergefüllter Topf gestellt und der Ofen auf 200 °C (Heißluft) vorgeheizt.
6. Der Brotlaib wird auf ein mit Backpapier ausgelegtes Backblech umgesetzt und für 10 Minuten in das heiße Rohr geschoben. Danach wird die Türe kurz geöffnet, um den Dampf entweichen zu lassen, und das Brot bei 180 °C für weitere 30–35 Minuten fertiggebacken, ohne dass die Türe nochmals geöffnet wird.

Rezept

Wissenswertes

Brot hält am längsten, wenn man es nach dem Auskühlen in ein Leinengeschirrtuch wickelt oder in einen Brottopf gibt (aus unglasierter Keramik oder aus Ton). Durch diese Techniken wird das Brot nicht zu trocken, kann aber ebenso genug Feuchtigkeit abgeben, wodurch eine Schimmelbildung vermieden wird. Zimmertemperatur ohne größere Temperaturschwankungen ist für die Aufbewahrung von Brot ideal. Altes Brot kann man durch Toasten oder (mit wenig Wasser besprenkelt) Im-Rohr-kurz-Aufbacken wieder schmackhafter machen oder (wenn es schon sehr hart ist) zum Kochen verwenden – zum Beispiel als eingeweichte Einlage für Suppen.

EICHE

Quercus spec.

Der Inbegriff der Notnahrung. Mit ca. 390 Kilokalorien pro 100 g war die bekannte Nussfrucht bereits in der Steinzeit wie auch in Nachkriegsjahren wichtiger Bestandteil der Ernährung. Reich an Proteinen, ungesättigten Fettsäuren, B-Vitaminen und Kohlenhydraten in Form von Stärke und Zucker, ist sie grundsätzlich ein sehr bekömmliches Nahrungsmittel. Der nicht unerhebliche Anteil an Gerbstoffen macht jedoch, bis sie für den Verzehr geeignet ist, eine umfangreiche Prozedur erforderlich. In unbehandeltem Zustand würden die Eicheln unangenehm und bitter schmecken und vor allem Verdauungsprobleme wie Durchfall und Erbrechen hervorrufen. Verwenden lassen sich die Früchte aller Eichenarten – in Europa sind dies meist die Stiel- oder Traubeneiche (*Quercus robur* und *Quercus petraea*).

Je nach Standort, Alter und Sorte kann der Gerbstoffgehalt variieren, hier sollte man mit kleinen Mengen erstmal einfach experimentieren. Ab Oktober verfärben sich die Eicheln hellbraun und fallen von den Bäumen. Der Erntezeit gehen immer etliche grüne und wurmbewohnte Eicheln (Larven des Eichelbohrers) voran – diese sind nicht zum Weiterverarbeiten geeignet. Braune, einwandfreie Eicheln werden aufgesammelt und kommen erstmal ins Haus, wo es grundsätzlich mehrere Möglichkeiten gibt sie zu schälen und weiterzuverarbeiten (siehe Rezepte).

Die Eicheln können bis in den späten Winter hinein unter Schnee und Laub gesammelt werden, auch bereits keimende Exemplare lassen sich verarbeiten – meist mit dem positiven Nebeneffekt, dass sie bereits einiges an Bitterstoffen abgebaut haben. Zum Sammeln eignen sich besonders sogenannte Mastjahre, in denen die Eichen einen deutlichen Überschuss produzieren.

Nach der Ernte empfiehlt es sich die Eicheln zügig (in den darauffolgenden Wochen) zu verarbeiten – in der Schale aufbewahrt können die Eicheln zu schimmeln beginnen bzw. austrocknen.

Das noch sehr junge, hellgrüne Eichenlaub und die rispigen Eichenblüten schmecken recht angenehm und können gesammelt, getrocknet und ebenso wie bei der Linde als Laubmehl verwendet werden.

» VIDEO
Eiche

Eichelmehl

Das Mehl hält sich, trocken und dunkel gelagert, mehrere Jahre.

Zubereitung

1. Sobald die Eicheln ins Haus geholt wurden, wartet man 1–2 Tage zu, bis die Außenhülle sich wellig verformt hat, und schält dann die Eicheln mit einem kleinen Messer. Die darunterliegende braune Haut muss ebenso heruntergeschabt werden, weil in dieser besonders viele bittere Gerbstoffe (*Tannine*) eingelagert sind.
2. Danach beginnt das 2–3-tägige Wässern. Dazu kommen zerhackte Eicheln in ein Wasserbad, das mehrmals täglich gewechselt wird. Je kleiner die Eicheln geschnitten sind, desto schneller werden die Bitterstoffe ausgelaugt.
3. Die so entbitterten Eicheln werden durch einen Fleischwolf gedreht oder zermixt und auf einem großen Tablett ausgestreut getrocknet (auch bei diesem Vorgang gehen nochmals Bitterstoffe verloren).
4. Abschließend wird das Ganze nochmals fein vermahlen und kann in Schraubgläsern dunkel und kühl für mehrere Jahre aufbewahrt werden.
5. Eichelmehl eignet sich für das Backen von Fladenbrot oder zum Strecken von Weizenmehl (2 Teile Weizenmehl, 1 Teil Eichelmehl). Es sollte (falls die Prozessierung auf kaltem Wege stattfand) bei der Weiterverarbeitung für eine gute Bekömmlichkeit noch mindestens 10 Minuten erhitzt werden.

Rezept

Eichelgranulat

Eine zweite Variante – zur Herstellung von grobem Eichelmehl. In Konsistenz und Geschmack kommt Eichelgranulat Rindsfaschiertem (mit etwas mehr Bissfestigkeit) sehr nahe und kann auf ähnliche Weise in der Küche Verwendung finden.

Zubereitung

1. Zunächst werden die Eicheln mitsamt der Schale für eine Stunde eingeweicht und dann im Backrohr bei 180 °C Umluft für ca. 15 Minuten gebacken – mit leichtem Fingerdruck öffnet sich nun die Schale und die Nussfrucht kann bequem herausgelöst werden. Praktischerweise bleibt die braune Haut in der Schale zurück. Eine weitere praktikable, einfache Art ist es, die Eicheln in einer beschichteten Pfanne einige Minuten bei mittlerer Temperatur zu rösten. Die ölig gewordenen Schalen lassen sich auch in diesem Fall wieder ganz leicht mit der Hand knacken und der Inhalt herauslösen.
2. Die so gewonnenen Früchte werden fein gehackt und mehrfach (mindestens 7 Mal) mit frischem Wasser aufgekocht. Hierbei verfärbt sich das Wasser immer etwas dunkel und trüb. Diese Variante rentiert sich nur, wenn man ohnehin die Hitze eines Holzherdes nutzen kann. Die Rezepte von Eichelmehl und Eichelgranulat können hier gerne nach den eigenen Gegebenheiten adaptiert werden.
3. Die gekochten Eicheln werden entweder grob gemixt oder mit einer Gabel zerdrückt und frisch oder getrocknet weiterverarbeitet.

Spaghetti Bolognese mit Eicheln

für 2 Personen

Fast besser als das Original – das Eichelgranulat verleiht der Sauce außerdem eine dunkle, appetitliche Farbe.

Zutaten

- 50 g Eichelgranulat (bzw. frisch entbitterte, zerdrückte Eicheln)
- 2 große Tomaten
- 1 Knoblauchzehe
- ½ Zucchini
- 1 EL Tomatenmark
- Sojasauce, Salz, Zucker, Pfeffer, getrockneter Oregano
- Olivenöl

Zubereitung

1. Bei der Verwendung von getrocknetem Eichelgranulat wird dieses ca. 1 Stunde vor dem Kochen in etwas Gemüsebrühe eingeweicht.
2. Die Knoblauchzehe wird fein gehackt und in wenig Olivenöl in einer beschichteten Pfanne bei geringer Hitze kurz angebraten. Das abgeseihte Eichelgranulat wird beigegeben und einige Minuten mitgeröstet.
3. Gewürze und fein gehackte Tomaten sowie Zucchini werden untergemengt. Ev. mit etwas Wasser aufgegossen und so lange eingekocht, bis eine sämige Sauce entstanden ist. Anstatt der frischen Tomaten können auch pürierte Tomaten aus dem Glas verwendet werden.
4. Nach dem Abschmecken der Sauce wird die vegetarische Bolognese auf gekochten Spaghetti serviert.

Speckweckerl mit dreierlei Mehl

für 9 Portionen

Mit dem Eichelmehl werden die Weckerl bedeutend dunkler als mit Weizenmehl – der Geschmack ist voll und rund.

Zutaten

- 150 g Eichelmehl
- 150 g Weizenmehl
- 100 g Roggenmehl
- 1 Pkg. Trockenhefe
- 1 TL Kräutersalz
- 100 g Speckwürfel
- ca. 300 ml lauwarmes Wasser

Zubereitung

1. Zunächst werden die Mehlsorten gemeinsam mit der Trockenhefe, dem Salz und einem Teil vom Wasser in einer weiten Schüssel mit einem Kochlöffel vermengt.
2. Ist der Teig gut durchgemischt, kann man beginnen ihn mit der Hand zu kneten. Man gibt nur so viel Wasser zu, dass der Teig geschmeidig wird, aber nicht an den Händen und der Schüsselwand zu kleben beginnt. Gegebenenfalls gibt man noch etwas Weizenmehl nach.
3. Der Teig wird mit wenig Mehl bestäubt und abgedeckt an einem warmen Ort mindestens 1 Stunde gehen gelassen. In der Zwischenzeit brät man die Speckwürfel in einer beschichteten Pfanne, bis sie schön knusprig geworden sind.

Rezept

4. Die ausgekühlten Speckwürfel knetet man schließlich unter den fertigen Teig, formt kleine Weckerl und setzt diese mit etwas Abstand auf ein mit Backpapier ausgelegtes Backblech. Während man in das Backrohr einen hitzestabilen Topf mit Wasser stellt und ihn auf 200 °C vorheizt, dürfen die dunklen Laibchen nochmals mindestens 20 Minuten abgedeckt rasten.
5. Nun werden sie ins Rohr geschoben, man öffnet dieses aber nach 10 Minuten nochmals und lässt den Dampf kurz entweichen. Bei 180 °C und nach weiteren 20 Minuten werden die Laibchen fertig gebacken – ohne dass das Backrohr nochmals geöffnet wird.
6. Nach dem Auskühlen kann das Gebäck mit Butter oder Aufstrichen genossen werden.

FRANZOSENKRAUT

Galinsoga parviflora und *ciliata*

Als mitunter sehr üppig vorkommendes, essbares Beikraut soll es in den Aufzählungen nicht fehlen. Erst ab Mai beginnt die frostempfindliche, einjährige Pflanze aus den zahlreichen Minisamen des Vorjahres zu sprießen – einmal im Garten oder auf einem Acker Fuß gefasst, bildet sie jedes Jahr große Teppiche und lässt anderen (Un)-kräutern kaum noch Platz.

Ist das Knopfkraut (Kleinblütiges oder Behaartes) noch nicht zu hoch, ist es für Kulturgemüse anfänglich sogar von Vorteil. Es hält den Boden feucht, unterdrückt andere schwerer jätbare Beikräuter und lässt sich bei Bedarf sehr einfach und ohne tief verankerte Wurzeln herausziehen.

Bevor die wuchsfreudige Pflanze dann aber alles überwuchert, wird das Knopfkraut vorzugsweise einfach gegessen – roh, getrocknet, fermentiert oder gekocht. Alle Pflanzenteile (ausgenommen der zu feinen Wurzeln) sind hierfür verwendbar.

Die Samen sind sehr, sehr klein, ergeben bei größerem Bestand aber auch eine gewisse Menge. Schüttelt man ältere Stauden (zuvor mit der Schere abgeschnitten) über einer Schüssel, kann man diese einfach aufsammeln. Zermahlen oder für die Herstellung von winterlichem Grünkraut können sie so zu einer nahrhaften Bereicherung werden.

Da das Blattwerk über offenem Boden bei Regen oftmals mit Erde verschmutzt wird, ist es nötig das Franzosenkraut immer gut zu waschen und trocken zu schleudern.

Beim Kochen entwickelt es ein ähnliches Aroma, wie man es von gekochter Topinambur kennt – verwendet werden vorzugsweise die jungen Blätter und Triebe.

Die krautige Pflanze punktet mit einem hohen Vitalstoffgehalt – sie enthält zum Beispiel drei Mal mehr Eisen als Spinat und kann auch in größerer Menge unbedenklich gegessen werden. Neben Brennnesseln, Melden, Malven und Giersch zählt das Franzosenkraut zu den ergiebigsten, eiweißreichen Wildblattgemüsen.

Wissenswertes

In der Regel ist es immer möglich aus Samen Sprossen zu ziehen. Dabei verändern sich die Inhaltsstoffe deutlich – enthaltene Stärke wird in Zuckerverbindungen umgewandelt, Fett zu essenziellen Fettsäuren und Eiweiß zu essenziellen Aminosäuren. Auch wenn der eigentliche Nährwert sinkt, entsteht eine Vielzahl von wertvollen Vitaminen, die vorher mitunter noch nicht vorhanden waren – zum Beispiel Vitamin C, Vitamin E und B-Vitamine. Aus Samen wird mit Hilfe von Wasser etwas ganz Neues, Lebendiges und in der Regel auch viel besser Verdauliches. Für die Herstellung von Sprossen gibt es spezielle Keimgeräte oder Keimgläser, bzw. behilft man sich auf kreative Weise (Seite 217). In weiterer Folge ist es auch möglich – wie man es von der Kresse her kennt – *Microgreens* (Grünkraut) zu ziehen.

Franzosen(grün)kraut

Praktischerweise muss man für das Grünkraut die eingetrockneten Blüten bzw. Blätterreste, die bei der Samenernte als unerwünschter Beifang mitgesammelt wurden, nicht entfernen.

Zutaten

- Franzosenkrautsamen
- Watte, Küchenrolle oder Ähnliches

Zubereitung

1. Eine flache Schale wird mit etwas Watte oder Küchenrolle ausgelegt und angefeuchtet.
2. Die trockenen Samen werden dicht daraufgestreut und bei Zimmertemperatur hell, aber ohne direkte Sonne aufgestellt.
3. Die Unterlage wird, bis die Keimblätter erscheinen, regelmäßig feucht gehalten. Ggf. kann man mit einem Glassturz die Feuchtigkeit besser regulieren.
4. Die Stiele werden dann einfach mit einer Schere gekappt und das gesunde Grün roh genossen.

FUCHSSCHWANZ-GEWÄCHSE

Amaranthaceae

Eine große Pflanzenfamilie, zu der viele essbare Gattungen zählen.

Melden (*Atriplex spec.*) und Gänsefüße (*Chenopodium spec.*) haben innerhalb von Gärten und Ruderalflächen keine giftigen Vertreter. Was sie auch in Bezug auf Notnahrung sehr interessant macht. Melden und Gänsefüße kommen mit offenem, trockenem Boden gut klar und wachsen praktischerweise zumeist in menschlicher Nähe.

Umgangssprachlich wird der sehr häufig vorkommende Weiße Gänsefuß (*Chenopodium album*) auch als Melde oder Ackermelde bezeichnet – oftmals wird ohnehin landläufig kein Unterschied zwischen den beiden Arten gemacht.

Hat man in seiner Nähe einen frischen Erdhügel (zum Beispiel beim Hausbau entstanden) kann man fast mit Sicherheit davon ausgehen, dass dort über kurz oder lang verschiedene Arten wachsen werden. Lässt man sich von jemand Sachkundigem die wichtigsten Merkmale (wechselständiges, meist wie mit Mehl bestäubtes Laub, kugelige, unscheinbare, rispig angeordnete Blüten und Samen) zeigen, findet man die robusten Pioniere praktisch überall.

Weißer Gänsefuß

Der ausbreitungswütige, aber auch sehr ertragreiche Baumspinat (*Chenopodium giganteum*) ist eine spezielle Züchtung. Mit seinen schönen magenta-roten und grünen Blättern schon fast eine Zierpflanze – einmal angesiedelt, sät er sich allerdings jedes Jahr großzügig selber aus (wenn man ihn zur Blüte kommen lässt) – nimmt er mit seiner stattlichen Größe viel Raum ein.

Baumspinat

Die jungen, oftmals recht ergiebigen Blätter von Melde und Gänsefuß schmecken als Spinat, die Blütenknospen, Blüten wie auch späteren Samen können roh geknabbert, gekocht oder getrocknet weiterverarbeitet werden.

Aufgrund enthaltener Oxalsäure (kann bei Disposition Nierensteine begünstigen) und Saponine (wirken in dieser Konzentration zwar noch gesundheitsfördernd, aber auch leicht abführend), sind Pflanzenteile nicht in zu großen Mengen verzehrbar, eignen sich aber wunderbar zum Strecken von Lebensmitteln. Kocht man Pflanzenmaterial und schüttet das Kochwasser weg bzw. weicht es über Nacht ein, kann man aber auch hier deutlich mehr essen (je nach Verträglichkeit bis zu 400 g). Bitterstoffe variieren innerhalb der Arten oftmals sehr stark – auch hier kann das Wässern einen allzu herben Geschmack abmildern.

Gute Heinrich

Zurückgekrümmte Fuchsschwanz

Garten-Fuchsschwanz

Eine fast vergessene Wildgemüsesorte aus der Gattung der Gänsefüße ist der Gute Heinrich (*Blitum bonus-henricus*) – diese milde Pflanze ist von Wurzel über Spross, junges Blatt bis Samenstand ebenso essbar. Auch hier gilt, dass ein Wässern und anschließendes Spülen der Pflanzenteile den Saponin- und Oxalsäuregehalt deutlich reduzieren und die Verträglichkeit verbessern kann.

Die Gattung Fuchsschwanz (*Amaranthus spec.*) ist in unseren Breiten eigentlich als Unkraut bekannt, dient in anderen Ländern aber durchaus als Pseudogetreide und/oder energiereiche Futterpflanze.

Der unscheinbare Zurückgekrümmte Fuchsschwanz (*Amaranthus retroflexus*) kommt als Neophyt vor allem auf offenen Wildkrautfluren sehr häufig vor. Relativ mild und in allen Teilen essbar, durchaus interessant – bedenkt man auch hier, so wie bei Melde und Gänsefuß bereits erwähnt, einen gewissen Oxalsäuregehalt.

Der exotische Garten-Fuchsschwanz (*Amaranthus caudatus*) – eine Zierpflanze mit langen überhängenden, purpurroten Blütenrispen, reiht sich ebenfalls in die essbare Familie der Fuchsschwanzgewächse ein.

Eingekochtes Meldenbrot im Glas

Rezept

So bleibt Brot für mehrere Monate saftig und haltbar. Die Mengen kann man je nach Verfügbarkeit oder eigenem Geschmack variieren. Dieses Brot schmeckt leicht herb, mit einem interessanten, durchaus wohlschmeckenden Aroma. Es hat im Glas zwar keine Knusperkruste, ist aber mit dem Öl auch nach längerer Zeit noch relativ weich in der Krume.

Der Brotteig kann für den schnellen Genuss und mehr Knusprigkeit auch direkt am Blech gebacken werden.

Zutaten

- 250 g getrocknete Samenstände des Weißen Gänsefußes
- 250 g Weizenmehl
- 100 ml Sonnenblumen- oder Olivenöl (optional)
- ca. 150 ml lauwarmes Wasser
- 1 Pkg. Trockenhefe
- 1 TL Salz
- ½ TL Zucker
- Öl zum Ausstreichen der Gläser
- Semmelbrösel
- 4 Weckgläser/Sturzgläser zu je 500 ml

Rezept

Zubereitung

1. Die Samenstände (die noch grün getrockneten und abgerebelten Rispen der Ackermelde) werden über Nacht in kaltes Wasser eingeweicht (ein leichtes Schäumen zeigt deutlich den unerwünschten Saponingehalt, der ausgeschwemmt werden soll) – es duftet intensiv nach Spinat.
2. Die Samen werden am nächsten Tag abgeseiht und in einem Sieb abtropft.
3. Die zuvor ausgekochten Einkochgläser werden mit Öl eingepinselt und mit Semmelbröseln bestreut.
4. Das Mehl wird mit der Trockenhefe, dem Zucker, dem Salz, dem Öl und einem Teil des lauwarmen Wassers vermengt. Die Meldesamen hinzugegeben und kräftig mehrere Minuten geknetet. Es entsteht ein geschmeidiger Teig – ist er zu klebrig, gibt man noch etwas Mehl hinzu, scheint er zu fest, fügt man noch etwas Wasser bei.
5. Nun wird der Teig auf die Gläser verteilt – kann über die Hälfte – ca. zu ⅔ eingefüllt werden (ein Brotteig ohne Meldesamen geht etwas mehr auf und sollte die Hälfte des Glases nicht überschreiten)
6. Nun sollte man dem Teig in den Gläsern an einem warmen Ort eine Rastzeit von etwa 3 Stunden geben.
7. Am Boden vom Backofen wird ein feuerfestes Behältnis mit Wasser platziert und der Ofen auf 180 °C Ober- und Unterhitze vorgeheizt.
8. Die gefüllten Gläser werden auf ein tiefes Backblech gestellt und für ca. 30 Minuten im Ofen gebacken – dann wird der Herd ausgeschaltet, die Ofentür etwas geöffnet und die Brote kühlen ca. 10 Minuten aus.
9. Probeweise legt man einen Deckel auf – solange er sich noch beschlägt, sollte man mit dem Einkochen noch abwarten (Kondenswasser würde die Haltbarkeit reduzieren).

10. Sobald der Deckel unbeschlagen bleibt, werden die Glasränder mit einem feuchten Tuch gereinigt (vorsichtig: heiß!) und die Gläser gut verschlossen (Dichtungsring, Deckel und Klammern bzw. Schraubdeckel aufgeschraubt).

11. Das Backrohr wird auf 90 °C vorgeheizt und das tiefe Backblech mit den Gläsern ca. 2 cm hoch mit Wasser gefüllt.

12. Sobald die Temperatur erreicht ist, werden die Gläser eingeschoben und für 30 Minuten gekocht – danach aus dem Backrohr genommen und zum Auskühlen auf eine weiche Unterlage gestellt.

13. Nach dem Auskühlen werden die Klammern entfernt – der Deckel sollte halten ... ansonsten verbraucht man das Brot innerhalb der nächsten Tage oder trocknet es in Würfeln geschnitten als spätere Suppeneinlage.

GIERSCH

» VIDEO Giersch

Aegopodium podagraria

Robust und üppig – eines der wichtigsten Wildgemüse, die es gibt. Schon im zeitigen Frühling schieben sich die ersten Blätter ans Licht. Geerntet wird bis in den November hinein. Berücksichtigt man auch die bedingt essbaren Wurzeln, ist eigentlich das ganze Jahr über immer irgendwie Erntesaison. Die größere Herausforderung besteht in der richtigen Bestimmung, da es auch giftige Doppelgänger gibt. Sobald man sich die Merkmale aber einmal gut einprägen konnte und den Habitus kennt (Bestimmungsbuch!), ist er unübersehbar und unverwechselbar.

Hilfreich ist auch die 3er-Regel. Ein dreikantiger Stiel, der sich in drei weitere Stiele mit drei Blattgruppen teilt, die jeweils mit drei Fiederblättern besetzt sind (bei den zwei unteren Blattgruppen können das oberste und das mittlere Fiederblatt zusammengewachsen sein). Im zeitigen Frühling müssen auch junger Holunder oder Buschwindröschenblätter als giftige Doppelgänger ausgeschlossen werden, Wald-Engelwurz hat ebenso eine gewisse Ähnlichkeit, ist aber als ungiftiger Doldenblütler ungefährlich.

Giersch wächst auf nährstoffreichen Böden, gerne in Auwäldern, aber genauso unter Hecken und vor allem rund um die menschlichen Behausungen. Sehr junge Blätter werden roh gegessen bzw. zu Pesto verarbeitet (schmecken mild petersilienartig), ältere Blätter wie auch die saftigen Stiele werden mitgekocht und passen in alle möglichen Speisen – ob Eintopf, Quiche, Strudel, Aufläufe oder zu Kartoffeln.

Dort wo gemäht wird, kommen immer wieder frische Blätter nach und so kann man wirklich bis in den Winter hinein wertvolles Grün ernten. Die Möglichkeit einer Überdosierung ist nicht bekannt. Reich an Mineralstoffen und Vitaminen (vor allem Vitamin C) ist der Giersch eine wertvolle Notnahrungspflanze. Der Nährwert der Blätter liegt bei ca. 39 kcal/100 g. Die energiereicheren Wurzeln enthalten den Stoff Falcarindiol, der auch in geringerer Menge in Karotten vorkommt und in sehr hoher Dosierung leicht giftig wirkt, daher sollte man es mit dem Konsum der Gierschwurzeln nicht übertreiben. Sie sind zwar nicht unbedingt dick, aber doch je nach Standort ergiebig. Die zarten, weißen fadenförmigen Wurzeln können gewaschen und klein geschnitten wieder vielseitig verkocht werden. Die noch knosprigen Blütenstände sowie die hübschen weißen Doldenblüten, die ab Juni erscheinen, sind essbar und können roh oder gekocht Verwendung finden. Die Samen vom Giersch sind eher scharf und dienen daher nur zum Würzen, aber nicht als Lebensmittel.

Wildgemüselaibchen

für 4 Personen

Perfekt, um „Grünzeug“ zu verarbeiten. Köstlich und einfach!

Zutaten

- 100 g junges Wildgemüse (Giersch, Brennnessel, Bärenklau, Klettenlabkraut, Franzosenkraut, Bärlauch ...)
- 250 g Knödelbrot bzw. fünf trockene Semmeln
- 1 Handvoll Wurzeln (Giersch, Klette, Löwenzahn, Karotten ...)
- ½ Zwiebel
- 3 Eier
- 40 g Butter
- 100 ml Milch
- etwas Semmelbröseln zum Panieren
- Öl zum Ausbacken
- Kräutersalz, Pfeffer, Muskat

Zubereitung

1. Das Wildgemüse wird gewaschen und fein geschnitten, die Wurzeln gereinigt und gerieben bzw. ebenso in kleine Stückchen geschnitten.
2. Das Knödelbrot wird mit Milch übergossen, die Eier untergehoben und ziehen gelassen.
3. Als nächster Schritt wird die Zwiebel fein gehackt und in der Butter angeschwitzt.
4. Wurzeln und Wildgemüse werden beigefügt. Alles wird bei mittlerer Temperatur einige Minuten gebraten, bis die Masse die enthaltene Flüssigkeit verloren hat.
5. Sobald die Kräutermasse etwas überkühlt ist, wird sie gemeinsam mit den Gewürzen zu dem eingeweichten Knödelbrot gegeben und alles kräftig durchgeknetet. Falls die Masse zu trocken ist, kann man noch etwas Milch oder ein Ei beigeben.

6. Nun werden aus der Masse Laibchen geformt, diese in Bröseln paniert und in Öl von beiden Seiten goldbraun ausgebacken. Möchte man in Notzeiten Öl sparen, ist es auch möglich die Laibchen zu einem Serviettenknödel umzufunktionieren – dabei wird die Masse auf ein bemehltes Geschirrtuch gegeben, zu einer Rolle geformt und straff eingewickelt. Die Enden werden mit Garn zugebunden und der Serviettenknödel für ca. 35 Minuten in leicht wallendem Wasser gekocht.

GRÄSER

Poales

Bei den Gräsern gibt es eine fast unüberschaubare Artenvielfalt. Im Groben unterscheidet man die Familie der Süßgräser (*Poaceae*), der Sauergräser (*Cyperaceae*) und der Binsengewächse (*Juncaceae*)

Süßgräser kennen wir vor allem von der Wiese, es sind die Urvorfahren des heutigen Getreides. Es braucht keine besondere Artkenntnis, um Gräser zu nutzen. In unseren Breiten gibt es keine tödlich giftigen Vertreter. Bedeutend gravierender kann ein Pilzbefall der Gräser sein – sobald sich schwarze Verfärbungen oder schwarze Auswüchse bei den Samenständen zeigen, dürfen diese unter keinen Umständen mehr verwendet werden.

Diese Veränderung wird durch einen giftigen Pilz, das Mutterkorn, herbeigeführt und ist zum Glück gut erkennbar. Einzig beim Taumel-Lolch (*Lolium temulentum*) lässt sich ein Pilzbefall mit dem freien Auge nicht erkennen – dieses Gras gilt aber im deutschsprachigen Raum glücklicherweise als ausgestorben.

Energietechnisch sind bei den Gräsern die Samen und die Wurzeln interessant. Je nach Art können sie mehr oder weniger ergiebig sein. Sobald bei den Süßgräsern die Samen ausreifen, fallen sie (für uns leider recht unpraktisch) auch gleich zu Boden, daher werden diese immer knapp vor der Samenreife geerntet – wenn sich die Samenstände von grün in braun umfärben. Der Zeitpunkt ist je nach Art unterschiedlich, so dass man meist den ganzen Sommer über Samen verschiedenster Gräserarten ernten kann. Man reibt sie dann einfach über einer Schüssel zwischen den Fingern und fängt damit die Samen mitsamt ihrer Hülse auf. In den meisten Fällen lassen sie sich nicht so einfach von ihrer Umhüllung lösen und werden daher mitsamt den Ballaststoffen verwertet. Entweder im Mörser zerrieben und gekocht oder getrocknet und fein vermahlen. Bei manchen Arten fallen die Samen leichter heraus und es reicht aus, vorsichtig über den Teller zu pusten, um die Spelzen wegzublasen bzw. das Trennen mit einem Sieb zu probieren.

Bei der Verwendung von Wurzeln kann hier vor allem die ungeliebte und recht ausbreitungswütige Kriech-Quecke (*Elymus repens*) einiges an Material liefern. Gut gereinigt kann sie getrocknet zu Mehl verarbeitet werden oder klein geschnitten in Gerichte wandern.

Das ebenso zu den Süßgräsern zählende Schilfrohr (*Phragmites australis*) ist, was nahrhafte Rhizome betrifft, unbedingt erwähnenswert – hier werden die stärkereichen Wurzeln nur in gekochter Form verwendet bzw. auch hier nach dem Trocknen vorzugsweise zu Mehl vermahlen. Die jungen Frühlingswurzelsprosse/Triebe können gut gereinigt (wegen möglicher Parasiten) auch roh gegessen werden. Das imposante Schilfrohr wächst bevorzugt an Gewässerrändern und kann abgesehen vom ebenso essbaren Rohrkolben in der Regel mit nichts Giftigem verwechselt werden. Wurzeln lassen sich im schlammigen Boden meist relativ leicht sammeln. Erntezeit ist bevorzugt von Herbst bis Winter, aber in Notsituationen auch ganzjährig möglich.

Wissenswertes

Sind Wurzeln sehr hart (vor allem wenn man sie während der Vegetationsphase der Pflanze erntet), kann man sie notgedrungen auch auskauen, um an die Stärke zu kommen, bzw. trocknen und vermahlen. Weiters ist es auch möglich sie solange zu kochen, bis sie weich sind. Bei unzerkaubaren Wurzelstücken kann man ansonsten auch nur den stärkereich gewordenen Kochsud trinken bzw. den gekochten Wurzelbrei mit seinen groben Fasern durch ein Sieb streichen.

Zu den Sauergräsern zählen die oft recht großfruchtigen Seggen – hier sollte man außerhalb von Notzeiten aber darauf achten, dass man keine geschützten Pflanzen verwendet –, dies kann gebietsweise sehr unterschiedlich sein. Dort wo große Fülle herrscht und Arten sehr häufig vorkommen, kann man in der Regel einen Teil der Samen (noch grün oder ausgereift) ernten. Da das giftige Mutterkorn nur auf

Süßgräsern vorkommt, ist man bei Sauergräsern diesbezüglich auf der sicheren Seite. Dennoch sollten auch diese auf Veränderungen jedweder Art (Rost- und Brandpilze) kontrolliert werden. Gesammelt werden nur einwandfreie Samenstände!

In weiterer Folge gibt es die Binsengewächse (*Juncaceae*), zu denen die häufigen Hainsimsen (*Luzula spec.*) zählen. Diese können je nach Art schon früh im Jahr Samen ausbilden und roh wie auch gekocht verwendet werden. Früheren Generationen waren die pflanzlichen Naschereien am Wegesrand noch recht gut bekannt – *Hasenbrot* nannte man mancherorts die Fruchtstände der Feld-Hainsimse (*Luzula campestris*). Diese blüht oft ab März und bildet dunkle Fruchtkörper mit einem kleinen, fettreichen Anhängsel (*Elaiosom*), das Ameisen verleiten soll, die Samen mitzunehmen und die Simse dadurch zu verbreiten. Grundsätzlich können wir die Samen von Gräsern besser verdauen bzw. Nährstoffe entziehen, wenn sie sehr gut gekaut oder vermahlen werden.

Segge

Feld-Hainsimse

HASELNUSS

Corylus avellana

Diesem strauchartigen Baum könnte in unseren Landschaften noch viel, viel mehr Platz eingeräumt werden – zugegeben, die Pollenallergiker unter uns (mich eingeschlossen) haben während der Blühsaison im Vorfrühling nicht die größte Freude, aber kaum ein heimisches Gehölz ist für die Tierwelt so wichtig, bietet Nahrungsquelle und Unterschlupf. Zum Thema der Nahrhaftigkeit sind es natürlich vor allem die Nüsse, die uns ins Auge springen. Mit ca. 650 kcal/100 g und reichlich ungesättigten Fettsäuren, sowie Eiweiß, Vitaminen und Mineralstoffen, sind sie äußerst wertvoll. Wenn sie im August noch grün am Baum hängen, kann man sie zwar bereits aufschlagen und unreif essen, aber für die Einlagerung ist es noch viel zu früh. Hier muss man bis September warten, ehe sie haselnussbraun geworden von den Bäumen zu fallen beginnen.

Ab hier beginnt je nach Ertrag des Jahres ein Rennen mit der Tierwelt, ob Eichkätzchen oder Haselmaus – die Früchte sind für den Wintervorrat einfach sehr begehrt. Die Haselnüsse schon früher zu pflücken und im Haus nachreifen zu lassen funktioniert leider nicht – der Inhalt würde nur zusammenschrumpeln und schnell verderben. Holt man sich jedoch die vollreifen Früchte ins Warme, können sie in der Schale aufbewahrt (trocken und dunkel gelagert) viele Monate überdauern. Exemplare, die in ihrer Außenhülle bereits ein Loch aufweisen, sammelt man wohlweislich nicht mehr ein – hier wohnte die Larve des Haselnussbohrers (ein Rüsselkäfer), der vom Haselnussinneren in der Regel nichts übrig lässt. Zum Aufbewahren der intakten Nüsse kann man die Hüllblätter entfernen – muss man aber nicht. Sobald man die Nüsse mit einem Nussknacker geknackt hat, sollte man sie verbrauchen – mit der Zeit können sie sonst im Kontakt mit Licht und Sauerstoff ranzig werden. Geröstete Haselnüsse (in einer beschichteten Pfanne ohne Fettzugabe) schmecken besonders delikat. Haselnüsse können grob zerkleinert vielen Gerichten Gehalt geben – ob Brot, Aufläufen oder Salaten.

Die Herstellung von Haselnussöl ist leider nur mit dementsprechenden Gerätschaften und nicht mit den haushaltsüblichen Küchengeräten zu bewerkstelligen. Die Haselnüsse müssten dafür (geröstet oder ungeröstet) fein zerkleinert, erwärmt und gepresst werden.

WIE WÜRDE MAN IN NOTZEITEN AN ÖL KOMMEN?

Im Zuge der Recherchen habe ich einige Anleitungen versucht – mit sehr ernüchterndem Ergebnis. Ohne Ölpresse ist es mir bis dato nicht gelungen zufriedenstellend Öl herzustellen. Am praktikabelsten erscheint es mir, grob gehackte Nüsse in einer beschichteten Pfanne langsam zu erwärmen – so hat man zumindest in der Pfanne etwas Öl.

Im Winter dienen Knospen zum Knabbern – sie sind allerdings etwas herb und durch Gerbstoffe und Saponine ist der Genuss begrenzt. Sie sollten zur besseren Verdauung gut gekaut und eingespeichelt werden. Gesammelt wird immer nur wenig pro Baum, um ihn nicht in der Entwicklung zu behindern – die Endknospen sollten generell nie gesammelt werden.

Die noch proteinreichen Kätzchen (männlichen Blüten der Hasel) können im Winter vor oder zur Blüte roh wie auch gekocht in kleineren Mengen gegessen werden – sind zum Strecken von Lebensmitteln (getrocknet und vermahlen) oder Einlegen durchaus geeignet. Da sie einige Gerbstoffe enthalten, kann man sie vor der Verwendung für mehrere Stunden, ggf. mit Wasserwechsel, in kaltem Wasser entbittern. In Hinblick auf die Wichtigkeit als Bienenweide sollte wirklich nur so viel gesammelt werden, wie man tatsächlich benötigt, und lieber zunächst mit kleineren Mengen experimentiert werden. Allergiker sollten auf den rohen Genuss verzichten, sobald aber Nüsse, wie auch (noch nicht blühende!) Kätzchen geröstet oder gekocht werden, sind sie in der Regel auch für diese Personengruppe gut verträglich. Blühende Kätzchen erkennt man an der gelben Verfärbung – der zuvor kompakte Körper springt auf und gibt Pollenwolken frei. In diesem Zustand sind sie nicht mehr ganz so nahrhaft und geben bei Berührung sowie Erwärmen den für Allergien verantwortlichen Pollen frei.

Das junge Laub im Frühling ist zwar nicht ganz so schmackhaft wie das der Linde, kann aber auch getrocknet als Laubmehl (Seite 155) verwendet werden.

Haselnussgugelhupf

Ein süßer Genuss! Mit wenigen und einfachen Zutaten etwas Köstliches zaubern. Der Nussanteil kann noch deutlich erhöht werden, die Butter kann in Teilen auch durch Joghurt ersetzt werden.

Rezept

Zutaten

- 200 g Butter
- 200 g Zucker
- 5 Eier (Dotter und Eiklar)
- 220 g Mehl
- 200 g Haselnüsse
- 1 Pkg. Backpulver
- 1 EL Vanillezucker
- Rum, Zimt, Nelkenpulver, Kardamompulver, Salz
- 1 Apfel

Zubereitung

1. Die Haselnüsse werden in einer beschichteten Pfanne bei wenig Hitze geröstet, erkalten gelassen und anschließend gemixt, gerieben oder im Mörser fein zerstoßen bzw. werden hierfür bereits fertige geriebene Haselnüsse gekauft.
2. Die zimmerwarme Butter wird gemeinsam mit dem Zucker gut gerührt.
3. Die Eier werden getrennt – die Eidotter werden nach und nach dem Abtrieb zugefügt und dieser weitergerührt.
4. Zuletzt werden ein Schuss Rum und die Gewürze untergemengt.
5. Das verbliebene Eiklar der 5 Eier wird geschlagen und zuletzt mit 1 EL Zucker ausgeschlagen.
6. Mehl, geriebene Haselnüsse und Backpulver werden miteinander vermischt.
7. Die Gugelhupfform wird ausgebuttert und mit Mehl bestreut, der Backofen auf 150 °C vorgeheizt.

8. Das Mehlgemisch wird gemeinsam mit dem Eischnee vorsichtig unter die Masse gezogen, vermengt und bis zur Hälfte in die Gugelhupfform gefüllt.
9. Der Apfel wird geviertelt, geschält und das Kerngehäuse entfernt. In kleine Stücke geschnitten, wird er auf den Teig gegeben. Zuletzt mit dem restlichen Teig bedecken.
10. Der Kuchen wird etwa 10 Minuten bei 150 °C und weitere 50 Minuten bei 170 °C (Ober-/Unterhitze) gebacken. Zum Ende der Garzeit kann man einen dünnen, glatten Holzspieß in den Kuchen stecken – bleiben nach dem Herausziehen keine Krümel mehr hängen, ist er vollständig durchgegart und kann aus dem Ofen genommen werden.
11. Nach kurzem Überkühlen (5–10 Minuten) wird der Kuchen mit einem Messer vorsichtig an den Rändern gelöst und gestürzt. Er sollte sich durch leichtes Klopfen gut lösen. Am besten wird er abgedeckt an einem kühlen Ort aufbewahrt und innerhalb von 3–4 Tagen gegessen. Es ist auch möglich ihn portionsweise einzufrieren und innerhalb von 3 Monaten aufzubrauchen.

Wissenswertes

Bei Stromausfall kann man die Masse (ca. die Hälfte davon) auch in einer breiten (ca. 24 cm Durchmesser), beschichteten und ausgebutterten Pfanne auf einem Holzherd backen. Bei geringer Hitze und aufgesetztem Deckel ca. 55 Minuten lang. In weiterer Folge ist es auch möglich Kuchen einzukochen. Dafür wird der Teig zur Hälfte in mit Öl ausgepinselte und Semmelbröseln ausgestreute Sturzgläser (die Öffnung ist etwas breiter als der Boden) gefüllt. Nach dem normalen Backen mit der Stäbchenprobe (ca. 40 Minuten) werden die Ränder des Glases gut gereinigt, die Gläser verschlossen und in einer wassergefüllten Fettpfanne (ca. 2–3 cm hoch) im Rohr nochmals bei 100 °C (Ober-/Unterhitze) 30 Minuten eingekocht. Auf diese Art und Weise hält der Kuchen bis zu 6 Monate.

Rezept

Gebratene Haselkätzchen

für 2 Personen

Wer im eigenen Garten vielen Haselnussstauden Raum gibt, kann im Winter ohne schlechtes Gewissen ernten. Die Kätzchen bleiben auch nach dem Entbittern leicht herb – aber durchaus köstlich.

Zutaten

- 1 Handvoll Haselkätzchen
- ½ kleine Zwiebel
- 1 Knoblauchzehe
- Salz
- 1 EL Butter

Zubereitung

1. Die Stiele werden von den Haselkätzchen gezupft und Exemplare, die nicht einwandfrei wirken (verkrüppelt, schwärzlich verfärbt) aussortiert. Die Kätzchen werden für mehrere Stunden in Wasser eingelegt.
2. Zwiebel und Knoblauch werden geschält und fein gehackt.
3. In einer kleinen beschichteten Pfanne wird die Butter zerlassen und die Zwiebel darin glasig gedünstet, der Knoblauch wird beigemengt und beides gemeinsam gebraten. Sobald die Zwiebel beginnt goldbraun zu werden, werden die abgetropften Haselkätzchen beigemengt und weiter bei mittlerer Hitze geröstet. Sie beginnen dabei angenehm zu duften.
4. Die Masse wird gesalzen und auf Brot serviert. In weiterer Folge kann das Gericht auch püriert und damit Brotteig oder andere Gerichte gestreckt werden.

Wissenswertes

Von Bäumen mit länglichen Kätzchen gibt es in unseren Breiten eigentlich nur die Hasel, die Erle (*Alnus spec.*) und die Birke (*Betula pendula*) – alle drei sind essbar, etwas herb, aber kulinarisch durchaus interessant.

Ist man darauf angewiesen in Notzeiten mehr davon zu essen, empfiehlt es sich vor der Verarbeitung durch mehrstündiges Einweichen oder Kochen in Wasser den Gerbstoffgehalt zu reduzieren.

HEIDELBEERE

Vaccinium myrtillus

In Deutschland als Blaubeeren bekannt, findet man sie vor allem auf nährstoffarmen Böden in Kiefern- und Gebirgs-Fichtenwäldern. Die Erntezeit beginnt je nach Region ab Juli, in der die manchmal fast kniehohen Zwergsträucher ihre schönen dunkelblauen Beeren tragen. Mit 40–50 kcal/100 g sind sie durchaus sammelwürdig und oftmals recht ergiebig. Der Verzehr beschränkt sich allerdings auf etwa 100 g pro Tag, da Heidelbeeren eine leicht abführende Wirkung haben und nicht von allen Menschen gut vertragen werden. Beim Sammeln ist vor allem darauf zu achten nur saubere, einwandfreie Exemplare zu pflücken. Sie schmecken roh, können aber auch getrocknet (zügig bei ca. 50 °C für etwa 6 Stunden) allen Arten von Früchtebrot oder Müsli beigemengt werden. Man sollte berücksichtigen, dass getrocknete Früchte auf die Verdauung eine *stopfende* Wirkung haben.

Die Blüten von Heidelbeeren sind (in kleinen Mengen) ebenso essbar, schmecken überraschend süß-fruchtig und finden auch bei Hummeln großen Anklang.

Eine Verwechslungsgefahr mit der in Mooren wachsenden Rauschbeere (*Vaccinium uliginosum*) besteht. Diese Beeren sind jedoch deutlich größer, eiförmig und weisen im Inneren helles Fruchtfleisch auf. Durch einen möglichen Pilzbefall und bei Einnahme größerer Mengen kann es in seltenen Fällen zu leichten Vergiftungserscheinungen und Rauschzuständen kommen.

Die bekannteren, in Gärten gepflanzten Kulturheidelbeeren sind Zuchtformen der Amerikanischen Heidelbeere (*Vaccinium corymbosum*). Auch wenn sie nicht ganz so aromatisch und gesund wie ihre wilden Verwandten sind, sind sie sogar etwas kalorienreicher, können auch in größerer Menge gegessen und roh länger gelagert werden – sie im eigenen Garten anzusiedeln, macht also durchaus Sinn.

Heidelbeerblüte

Rauschbeere

Amerikanische Heidelbe[...]

Joghurt mit Heidelbeeren und Nüssen

Nahrhaft und köstlich

Zutaten

- 1 Handvoll Nüsse (Haselnüsse, Walnüsse ...)
- 2 Handvoll frische Heidelbeeren
- 1 EL Honig
- 250 ml Naturjoghurt

Zubereitung

1. Die Heidelbeeren werden in einem Sieb gut gewaschen und abtropft, die Nüsse grob gehackt.
2. Alle Zutaten werden miteinander vermengt, mit Honig gegebenenfalls nachgesüßt.

Wissenswertes

Wenn es ums Beerensammeln geht, ist auch das Thema *Fuchsbandwurm* nie weit. Hierbei ist es aber wichtig zu wissen, dass sich die Eier des Fuchsbandwurms lediglich über Kot übertragen lassen – Kot von Füchsen, aber auch von nicht entwurmten Hunden und Katzen.

Saubere Früchte, mit sauberen Händen gegessen, sind in der Regel vollkommen unbedenklich. Nur sehr, sehr selten entwickeln Menschen (in Österreich durchschnittlich 2–3 Fälle im Jahr) nach dem Kontakt Symptome (unser Immunsystem leistet hier gegen eine Vielzahl von Parasiten großartige Arbeit). Wollte man auf Nummer Sicher gehen und das beträfe mit den vielen Stadtfüchsen praktisch alle Gärten, dann müsste man alle bodennahen Lebensmittel für wenige Minuten auf über 60 °C erhitzen. Gegenüber Einfrieren oder Einlegen in Alkohol zeigen sich die Bandwurmeier resistent, abwaschen ist nur bedingt erfolgreich. Mit einer sehr langen Inkubationszeit von 10–15 Jahren ist die Ansteckung oft nicht mehr nachvollziehbar – auch ein Einatmen von infiziertem Staub wird als möglich betrachtet. Als gefährdete Gruppen für die alveoläre Echinokokkose sind vor allem ältere und immungeschwächte Personen sowie Jäger, Landwirte und Haustierbesitzer zu nennen.

Zusammengefasst: Das Risiko, vom Blitz getroffen zu werden, ist statistisch drei Mal höher als sich mit dem Fuchsbandwurm *anzustecken*. Normale Hygiene ist vollkommend ausreichend.

HIMBEERE

Rubus idaeus

Sie ist jedem Kind bekannt – die Himbeere mit ihren unverwechselbaren aromatischen Früchten. Kahlschläge und Waldränder zählen zu ihren Lieblings-Standorten, wo man ab Juli die ersten rosaroten Sammelsteinfrüchte ernten kann. Sie diente schon in der Steinzeit als Nahrung und wird mit ca. 34 kcal/100 g in den Tabellen geführt. Vor allem roh verzehrt punktet sie mit einer Vielzahl an Mineralstoffen und Vitaminen – allen voran Vitamin C.

Wenn man die Himbeere in den Garten holt, gilt es zu bedenken, dass sie sich sehr gerne über Wurzelausläufer ausbreitet und man ihr genug Platz einräumen sollte – praktischerweise entlang von Zäunen, wo sich die zweijährigen Himbeerruten gut anlehnen können. Zuchtformen sind in der Regel großfruchtiger und manche Sorten tragen dann auch zwei Mal im Jahr.

Gefürchtet ist vor allem der Madenbefall von Himbeeren – seltener bei Herbsthimbeeren, sondern vor allem bei den wilden Schwestern im Wald. Verantwortlich zeigt sich dafür der hellbraune, kleine Himbeerkäfer. Er macht die Früchte zwar nicht ungenießbar, aber um *wurmige* Himbeeren zu essen, braucht es wahrscheinlich schon herausfordernde Krisenzeiten.

Himbeerlimes

Haltbarmachung kennt viele Wege – manche sind ausgesprochen köstlich ...

Eine Alternative zu fruchtigen Likören oder dem Rumtopf.

Zutaten

- 200 g Himbeeren
- 100 ml Wasser
- 150 g Zucker
- 250 ml Kornschnaps, Wodka oder weißer Rum

Zubereitung

1. Wasser und Zucker werden zum Kochen gebracht, bis sich der Zucker aufgelöst hat.
2. Die Himbeeren werden püriert (funktioniert auch mit einem Mörser), mit dem Zuckerwasser vermischt und zum Abkühlen beiseitegestellt.
3. Der Schnaps wird unter die Himbeermasse gerührt und in zuvor ausgekochte Flaschen gefüllt. Himbeerlimes sollte kühl und dunkel gelagert werden – hält sich so mehrere Monate. Je mehr Zucker oder Alkohol, desto länger die Haltbarkeit.

Wissenswert

Limes können auch gut mit tiefgefrorenen Früchten hergestellt werden.

Im Falle eines Stromausfalls sollte man die Gefrierschränke/Tiefkühltruhen möglichst geschlossen halten – das Gefriergut übersteht mindestens 10 Stunden unbeschadet. Je nach Umgebungstemperatur, der Menge des Gefrierguts (kühlt sich gegenseitig) und Isolierung des Gerätes, kann das Tiefgekühlte bis zu 64 Stunden durchhalten. So lange die Temperatur unter 3 °C bleibt, ist alles noch im grünen Bereich.

Beginnen die Lebensmittel anzutauen, können zwar Obst und Gemüse, Brot und Gebäck ggf. auch wieder eingefroren werden. Fleisch, Fisch, Eiscreme oder anderes schnell verderbliches Gefriergut sollte dann aber gegessen bzw. verarbeitet werden.

Dauert der Stromausfall generell länger, sollte man daran gehen den Inhalt zügig haltbar zu machen. Wie in diesem Fall in Alkohol einlegen oder je nach Gefriergut (ein)kochen, einsalzen und räuchern, trocknen ...

HOLUNDER

Sambucus nigra

Unverzichtbar in unserer Landschaft – ein Segen für uns und die Natur. Er ist einerseits ein wichtiger Bestandteil der Volksmedizin und Holunderblütentee bei Erkältungen und Halsschmerzen hinlänglich bekannt, andererseits liefert er aber auch Nahrhaftes.

Ab Mai beginnt der schwarze Holunder in großen, weißen Dolden zu blühen. Diese punkten zwar nicht mit Kalorien, können aber mit einer Umhüllung (Backteig oder paniert) und in Fett ausgebacken durchaus den Magen etwas füllen und schmecken zudem köstlich. Kurz vor der Blüte können die Knospen geerntet und süß-sauer eingelegt werden.

Holunderbeeren

Die Beeren, die im August zu reifen beginnen, sind mit etwa 55 kcal auch nicht sonderlich energiereich, aber für Obst ganz gut unterwegs. Sie stecken voller Vitamine und Mineralstoffe. Holunderbeeren sollten nie roh verzehrt werden, da sie das Glykosid *Sambunigrin* enthalten. Dieses kann Übelkeit, Erbrechen und Durchfall herbeiführen.

Werden die Beeren zu Fruchtkompott oder Saft verkocht (mindestens 20 Minuten köcheln lassen), können sie bedenkenlos auch in größerer Menge gegessen werden. Zur Bevorratung können die Beeren auch getrocknet werden – in kleinen Mengen kann man diese als Nascherei essen, aber auch hier empfiehlt sich beim Verzehr größerer Mengen ein vorheriges Erhitzen – zum Beispiel in etwas Wasser aufgekocht.

Beim nahen Verwandten Traubenholunder / Roter Holunder (*Sambucus racemosa*) befindet sich in den kleinen Kernen ein hitzestabiles Gift. Diese Früchte werden vorzugsweise nur für den Dampfentsafter verwendet und bleiben sonst der Vogelwelt vorbehalten.

Eine Verwechslung mit dem giftigen Zwerg-Holunder (*Sambucus ebulus*) ist unbedingt zu vermeiden! Seine dunklen Beeren stehen aufrecht nach oben zeigend und verholzte Teile wird man bei diesem krautig wachsenden Doppelgänger nie finden.

Rezept

Hollerröster

Ein klassisches Rezept, das mit wenig und einfachen Zutaten auskommt und zur Bevorratung in Gläser eingeweckt werden kann.

Zutaten

- 1,5 kg Holunderbeeren
- 250 g Äpfel oder Birnen
- 250 g Zwetschken
- ca. 300 ml Wasser
- 450 g Zucker (kann auch durch Honig ersetzt oder damit gemischt werden)
- 40 ml fruchtiger Schnaps oder Likör (optional)
- Gewürze nach Möglichkeit (Zimt, Gewürznelke, Vanilleschote, Orangenschale)

Zubereitung

1. Vollständig ausgereifte Holunderbeeren werden abgerebelt und gewaschen. Zwetschken entkernt und geachtelt. Äpfel oder Birnen werden geschält und ohne Kerngehäuse in kleine Stücke geschnitten.
2. Das Obst wird mit den Gewürzen im Wasser so lange gekocht, bis es ein runzeliges Aussehen bekommt.
3. Nun wird der Zucker beigefügt und alles nochmals gut aufgekocht, bis der Saft klar wird.
4. Der Hollerröster wird abschließend mit Schnaps und/oder Honig abgeschmeckt und noch heiß in gleich große Gläser (Weck- oder Schraubgläser) gefüllt und verschlossen.
5. Die Gläser werden in ein tiefes Backblech gestellt, das bis zur Hälfte mit Wasser gefüllt wird. Der Herd wird auf 170 °C Ober- und Unterhitze gestellt (ohne

Vorheizen) und die Gläser darin erwärmt und beobachtet. Sobald im Glas Bläschen hochsteigen, wird das Backrohr ausgeschaltet und die Gläser bei geschlossener Tür 20 Minuten darin belassen. Anschließend werden sie zum Auskühlen auf eine weiche Unterlage gestellt und abgedeckt (um Temperaturschwankungen zu vermeiden). Beim Einwecken wird der Inhalt keimfrei gemacht und es bildet sich ein Unterdruck, der das Glas luftdicht verschließt und den Inhalt damit 1 Jahr haltbar macht. Vor dem Einlagern in den Vorratsraum werden eventuelle Klammern entfernt.

Wissenswertes

Bei der Sterilisation im Backrohr rechnet man für Kernobst etwa 30 Minuten, für Steinobst 25 Minuten, für Wildobst und Kirschen 20 Minuten und Beerenobst etwa 15 Minuten.

Als Alternative ist auch das Einkochen im Topf möglich (Seite 183) – diese Methode gilt als die sicherere, weil sie den Inhalt zuverlässig sterilisiert (durch besser kontrollierbare Temperatur). Bei sehr zucker- oder säurehaltigen Lebensmitteln reicht es oft aus, die Zutaten lediglich gut zu kochen und dann sehr heiß einzufüllen (Einmachen) – wie zum Beispiel Marmelade oder Tomatensauce. Beim Haltbarmachen müssen (unabhängig von der Methode) die Gläser im Vorfeld immer sterilisiert werden. Beim Einkochen im Wasserbad ist es wichtig, dass man nur Gläser der gleichen Füllmenge verwendet. Vorzugsweise Einweckgläser mit Gummiring und Klammern, aber auch dickwandige Schraubgläser sind gut geeignet. Die Gläser werden nach dem Entfernen der Klammern kühl und dunkel gelagert. Ein festsitzender Deckel ist ein wichtiges Zeichen – bei Schraubgläsern muss die Deckelmitte leicht nach innen gewölbt sein und es beim Öffnen deutlich ploppen. Gläser mit Bügelverschlüssen sind nicht geeignet, weil hier nicht erkannt wird, ob durch beginnende Gärung der Deckel lose werden bzw. sich wölben würde.

HOPFEN

Humulus lupulus

In der freien Natur findet man Hopfen vor allem in Auwäldern und an Wald- und Bachrändern. Da er für sein Wachstum eine Rankhilfe braucht, kommen ihm Gebüsch und Bäume gerade recht. Seine jungen Triebe wachsen äußerst schnell und können am Tag unglaubliche 10 cm zulegen. Nahrungstechnisch sind es diese, worauf unser Augenmerk gerichtet ist. Solange sie noch zart und jung sind, ergeben sie gekocht ein vorzügliches Sprossgemüse.

Die Hopfentriebe können in Butter gedünstet, in Wasser blanchiert oder auch eingelegt werden. Wie schon öfters erwähnt, erntet man nur dort, wo Fülle herrscht, will man doch das Wachstum der Pflanze nicht zum Stillstand bringen. Man entnimmt von April bis Mai immer nur einige der Triebe – und hier nur die obersten 10–20 cm. Wenn man mit Druck die Reben biegt, brechen sie dort ab, wo sie noch weich genug zum Essen sind. Im späteren Jahresverlauf sind es dann erst wieder die jungen Wurzeln ab September, die theoretisch als Wildgemüse verkocht werden können. Möchte man Hopfen im eigenen Garten ansiedeln, darf man die Rankhilfe nicht vergessen – schnell sorgt er dann mit seinen dekorativen Blättern für einen kühlen Sommersichtschutz.

Wissenswertes

Im Frühling können vielerlei junge Pflanzensprosse gesammelt werden. Neben dem Hopfen dienen hier auch junge Rosentriebe (*Rosa spec.*), der Wiesen-Bärenklau (*Heracleum sphondylium*) oder der noch unbelaubte Wald-Geißbart (*Aruncus dioicus*) als Wildgemüse. Letzterer schmeckt vorzüglich – ähnlich wie Spargel – sollte aber vor dem Essen aufgrund enthaltener Blausäure-Glycoside gekocht werden.

Es lohnt sich die eigene Gegend zu erkunden und auf Essbarkeit zu prüfen. Wir dürfen die regionalen Wildpflanzen nutzen – nicht ohne sie auch zu schützen bzw. zu vermehren und ihre Standorte zu erhalten.

Wald-Geißbart

Rezept

Pizza Blanco mit Hopfentrieben

für 4 Personen

Einfach und köstlich! Als Belag kann alles dienen, was man gerade so findet – saftiges Wildgemüse, das nicht zu schnell trocken wird, ist aber von Vorteil. Als Untergrund kann natürlich (je nach Verfügbarkeit) auch Crème fraîche dienen. Aber gerade das Schlichte macht den Genuss dieser Pizza aus.

Zutaten

- 400 g Weizenmehl glatt
- 7 g Trockenhefe
- 1 EL Zucker
- 1 ½ TL Salz
- 2 EL Olivenöl
- ca. 200 ml lauwarmes Wasser
- 4 Zehen Knoblauch
- ein großer Bund Hopfentriebe
- etwas Olivenöl und (Bärlauch) Salz

Zubereitung

1. Das Mehl wird mit Hefe, Zucker, Salz, Olivenöl und einem Teil des Wassers in einer großen Rührschüssel vermischt und dann mit dem restlichen Wasser zu einem geschmeidigen, seidig glänzenden Teig verknetet.
2. Anschließend wird der Teig mit etwas Mehl bestreut und an einem warmen Ort zugedeckt für ca. 1 Stunde gehen gelassen. Wird selbst gemachte Flüssighefe verwendet, sollte dem Teig deutlich mehr Zeit zum Rasten gegeben werden.

3. Die Hopfentriebe werden für wenige Minuten in kochendem, leicht gesalzenem Wasser blanchiert, abgeseiht und kalt abgespült.
4. Nun wird der Teig in 4 Kugeln geteilt und diese auf zwei bemehlte Backpapiere verteilt, mit dem Nudelholz zu 4 Pizzen ausgerollt und mitsamt dem Backpapier auf Backbleche gezogen.
5. Der Backofen wird auf 200 °C Heißluft vorgeheizt.
6. Der Knoblauch wird in dünne Scheiben geschnitten.
7. Die Pizzen werden nun dünn mit Olivenöl bestrichen, mit Knoblauch und Hopfentrieben belegt (dabei etwas in den Teig drücken) und mit wenig Salz bestreut.
8. Die zwei Pizzableche werden nun in den Backofen geschoben und für ca. 20 Minuten hellbraun gebacken. Der Knoblauch sollte keinesfalls zu dunkel werden!

HUNDSROSE

Rosa canina

Umgangssprachlich ist die Hundsrose auch als Hagebutte bekannt. Hagebutten ist jedoch die Bezeichnung der Früchte aller Rosenarten, die praktischerweise allesamt essbar sind. Sie reifen erst sehr spät im Herbst und können auch nach den ersten Frösten im Schnee noch gesammelt werden – also ideale Notnahrung für eine nährstoffarme Jahreszeit. Solange sie nicht völlig matschig gefroren sind, kann man sich in der Natur bedienen, man zwickt sie am besten mit einer Gartenschere über einer Schüssel aus den stacheligen Ranken heraus. Ihr hoher Vitamin-C-Anteil ist hinlänglich bekannt und kommt vor allem roh genossen zum Tragen. Dafür schneidet man mit einem Keramikmesser beide Enden der Hagebutte ab, halbiert sie längs und löst mit der Messerspitze die ganzen Kerne und vor allem die feinen Härchen (die sehr unangenehm im Rachen kratzen können) heraus. Vorzugsweise werden sie dafür einfach gut gewaschen. Rohe Hagebutten erinnern im Geschmack etwas an Apfel, sind säuerlich-süß.

Möchte man aus den Hagebutten ein Mus, eine Marmelade, eine Suppe oder Ähnliches machen, kann man sie mitsamt den Kernen weich kochen und dann durch ein feines Sieb oder die Flotte Lotte streichen. Schalen- und Kernreste, die beim Passieren übrigbleiben, kann man trocknen und fein vermahlen. Das dezent nach Vanille duftende Pulver kann in kleinen Mengen zum Strecken von Lebensmitteln verwendet werden.

In Parkanlagen findet man häufig die großfruchtige Apfelrose (*Rosa villosa*) – diese Früchte sind ebenso zu verwenden.

Apfelrosen-Früchte

Rezept

Hagebuttenpalatschinken

für 3–4 Personen

Nicht nur für das Auge schön – Aufwertung eines Klassikers.

Zutaten

- 170 g Mehl
- 250 ml Milch
- 3 Eier
- Prise Salz
- Mineralwasser
- Butterschmalz
- 3 Handvoll Hagebutten
- Hagebuttenmarmelade oder Honig

Zubereitung

1. Milch und Eier werden miteinander verquirlt, anschließend werden Salz und Mehl eingerührt, bis ein dünnflüssiger Teig entsteht. Mit Mineralwasser auf die richtige Konsistenz bringen und etwa 30 Minuten ruhen lassen.
2. Die Hagebutten werden entstielt, entkernt und in kleine Stücke geschnitten.
3. Butterschmalz wird in einer beschichteten Pfanne erhitzt und wenig vom frisch aufgerührten Teig eingegossen. Durch langsames Schwenken der Pfanne wird der Teig gleichmäßig verteilt und einige der Hagebuttenstücke darübergestreut. Bei ausreichend Hitze wird die Palatschinke von jeder Seite so lange gebacken, bis sie etwas Farbe angenommen hat. Die Teigscheiben werden so lange warm gestellt, bis alle Pfannkuchen fertig sind. Zwischen den einzelnen Backvorgängen gibt man immer wieder eine kleine Menge Butterschmalz in die Pfanne.
4. Die Palatschinken werden entweder ohne zusätzlich Süße gegessen oder mit Hagebuttenmarmelade bzw. Honig bestrichen, zusammengerollt und genossen.

KLETTE

Arctium spec.

Alle Klettenarten sind gleichermaßen essbar, am häufigsten findet man jedoch die Große Klette (*Arctium lappa*). Die imposante zweijährige Pflanze kommt in manchen Regionen sehr häufig vor – entlang von Waldwegen, Bachläufen und auf Ruderalflächen. Hat sie einmal an einem Ort Fuß gefasst, verbreitet sie sich laufend über ihre Samen. Als eines der wertvollsten Wildgemüse – ergiebig und nahrhaft – sollte sie eigentlich noch viel mehr unsere Landschaften prägen. Einziger Wermutstropfen: Ihre Samenstände sind stachelig und äußerst anhänglich – wie sich das für Kletten eben gehört. Im eigenen Garten pflanzt man sie daher lieber nicht direkt neben einem viel begangenen Durchgang oder entfernt die Samenstände frühzeitig. Von kulinarischem Interesse ist vor allem die große Wurzel, die nur von Exemplaren im ersten Jahr (vor der Blüte) von Herbst bis Frühling geerntet wird. Die Ernte der Pfahlwurzel braucht schon einiges an körperlichem Einsatz und ordentliches Gartengerät wie einen Spaten. Dafür schmeckt die Klettenwurzel dann aber sehr angenehm mild und kann zu allen erdenklichen Gerichten verarbeitet werden. Vor dem Essen sollte sie etwa 10 Minuten in Wasser weich gekocht werden – hierbei werden auch dezente Bitterstoffe ausgeschwemmt. Das frische Blattgrün und die frischen Triebe können ebenso in die Küche wandern, schmecken aber deutlich herber – ebenso wie die essbaren, aber bitteren Samen.

Klettengemüse

Diese „Grundmischung“ dient als Basis für alle möglichen Speisen – Quichebelag, Strudelfüllung oder Beilage.

Zutaten

- Klettenwurzel und junge Klettenstängel
- 1 rote Zwiebel
- etwas Butter
- Salz, Pfeffer

Zubereitung

1. Die Klettenwurzel wird gut gereinigt, ggf. geschält, die Klettenstängel (in geringerem Anteil als die mildere Wurzel) gewaschen und alles in kleine Stücke geschnitten.
2. Wurzel wie Stängel werden etwa 10 Minuten in leicht gesalzenem Wasser gekocht und abgeseiht.
3. Die rote Zwiebel wird fein gehackt und in der Butter angeschwitzt, das Klettengemüse beigefügt, mit Salz und Pfeffer gewürzt und kurz gedünstet.

KLETTENLABKRAUT

» VIDEO Klettenlabkra

Galium aparine

Bereits zeitig im Frühjahr beginnt diese robuste, einjährige Pflanze an stickstoffreichen Plätzen regelrecht zu wuchern – an Waldrändern, in Hecken, auf Brachflächen, in Auwäldern und (zum Leid mancher Landwirte) auch auf Feldern und in Gärten. Bei gutem Boden und anderen anlehnbaren Pflanzen – meist im Verbund mit der Brennnessel – kann sie ordentlich in die Höhe wachsen und viel Pflanzenmasse entwickeln. Sie sollte aber nicht als Unkraut abgetan werden. Punktet das essbare Klettenlabkraut doch mit ihrem frühen Wachstum, der Ergiebigkeit und ihrer Beliebtheit in der Insektenwelt. Mit den quirlständig angeordneten, rauen Blättern und einem vierkantigen, rauen Stiel sollte sie sich eigentlich kaum mit anderen Pflanzen verwechseln lassen – eine gewisse Ähnlichkeit hat das Wiesenlabkraut (*Galium mollugo*) mit jedoch saftigen, glatt glänzenden Blättern. Hier sind die jungen Triebspitzen (schmecken angenehm nach Erbsen) ebenso essbar.

Der bedingt ähnliche Waldmeister (*Galium odoratum*) ist aufgrund der höheren Cumarin-Konzentration nicht als Wild-Gemüse geeignet. Cumarin kann zu Kopfschmerzen, Schwindel und Erbrechen und bei sehr hoher oder anhaltender Überdosierung auch zu inneren Blutungen führen. Cumarinreiche Pflanzen erkennt man daran, dass sich nach dem Pflücken, bzw. nach dem Welken, ein angenehmer, süßlicher Duft entwickelt.

Das Klettenlabkraut enthält nur wenig Cumarin und kann jugendlich als ganze Pflanze gegessen werden, bzw. bei älteren Exemplaren die oberen Triebspitzen. Werden die rauen Blätter sehr fein geschnitten, kann man sie auch roh essen, ansonsten bereichern sie als wertvolles Frühlingsgrün alle möglichen gekochten Gerichte. Die diuretische (entwässernde) Wirkung vom Klettenlabkraut sollte beim Verzehr berücksichtigt werden.

Wissenswertes

Aufgrund der Verwandtschaft zu Kaffee (Rötegewächse) soll das Klettenlabkraut in seinen ausgereiften Früchten etwas Koffein enthalten. Tüftler können aus den sanft gerösteten und gemörserten Samen (mitsamt ihrer Hülle) einen Kaffee-Ersatz herstellen.

In Notzeiten wurde vor allem Getreidekaffee getrunken – aus Gerste, Weizen, Roggen oder Dinkel. Die Körner wurden langsam hellbraun geröstet und anschließend gemahlen und wie Kaffee zubereitet. Aus den gekeimten und anschließend getrockneten gerösteten Getreidekörnern wurde Malzkaffee hergestellt. Auch Eichel- und Löwenzahnkaffee dienten als Ersatz, bzw. wurden verschiedenste andere Zutaten wie geröstete Wegwarten- oder Gräserwurzeln miteinander gemischt. In Wirkung und Geschmack kommen sie nicht an das Original heran – erschaffen aber durchaus interessante Erfahrungen.

Rezept

Momos mit wilder Füllung

für 3–4 Personen

Mit wenigen Zutaten wird Köstliches gezaubert – hinein kommt, was gerade Saison hat. Momos sind eine typische Mahlzeit in Tibet – hier in stark abgewandelter Form auf die regionalen Gegebenheiten abgestimmt.

Zutaten

- 250 g Weizenmehl (universal)
- ½ TL Bärlauchsalz
- ca. 140 ml Wasser
- 1 kleiner Korb voller Saisonsammelglück – Wildkräuter und Pilze (Klettenlabkraut, Wiesenlabkraut, Giersch, Brennnessel, Vogelmiere, Fichtenzapfenrübling ...)
- 2 Knoblauchzehen
- etwas Butter, Kräutersalz, Pfeffer

Teigreste zwischen den ausgestochenen Scheiben knete ich nochmals zusammen, walke sie aus und schneide dünne Nudeln daraus. Diese koche ich dann für einige Minuten in einer klaren Gemüsebrühe. Auch die köstlichen Momos genieße ich am liebsten in einer kräftigen Suppe.

Zubereitung

1. Die Kräuter und gesäuberten Pilze werden gewaschen und alles fein gehackt.
2. Nachdem auch die Knoblauchzehe fein geschnitten ist, wird sie in etwas Butter in einer beschichteten Pfanne leicht angedünstet, die Kräuter und Pilze beigegeben, mit Salz gewürzt und die Mischung für einige Minuten gekocht – bis die Kräuter zusammengefallen sind und alles Wasser verdunstet ist.
3. Aus Mehl, Salz und Wasser wird ein geschmeidiger Teig geknetet.
4. Auf einer bemehlten Unterlage wird der Teig mit dem Nudelholz ausgerollt (ca. 3 mm dick) und mit einem dünnwandigen Glas werden Kreise (ca. 7 cm Durchmesser) ausgestochen. Hierfür eignet sich ein Rotweinglas ausgezeichnet.

5. Die Teigscheiben werden nochmals ausgerollt, bis der Teig ganz dünn geworden ist (ca. 1 mm dick).
6. Die ausgekühlte Kräuter-Pilz-Masse wird mit einem Klecks in die Mitte der Teigscheibe gegeben und dann von allen Seiten in Falten zusammengerafft, oben etwas zusammengedreht und gedrückt, damit die Fülle gut verschlossen ist. Man kann natürlich auch andere Techniken anwenden bzw. eine andere Form wählen, um die Fülle im Teiginneren zu behalten.
7. Traditionell werden Momos in Dampfeinsätzen über Wasserdampf und bei geschlossenem Deckel für ca. 15 Minuten gegart. Kreativ kann man hier auch andere Möglichkeiten finden – zum Beispiel ein Edelstahlsieb in einen größeren, mit wenig Wasser gefüllten Topf hängen. Damit die Momos nicht an der Unterlage ankleben, kann man sie zuvor nochmals in etwas Mehl tauchen und sie dann nebeneinander (ohne allzu viele Berührungspunkte) in den/die Dampfeinsätze stellen. In Ermangelung von passendem Equipment kann man die Teigtaschen auch 10 Minuten in leicht gesalzenem Wasser oder einer Suppe kochen.
8. Als Dip eignen sich Saucen (traditionell eine scharfe Chilisauce oder Sojasauce) oder man genießt sie in einer klaren Gemüsesuppe bzw. einfach nur pur.

KNOBLAUCHSRAUKE

Alliaria petiolata

Die Knoblauchsrauke zählt zu den ältesten heimischen Würzpflanzen und lässt sich gebietsweise sehr häufig finden – in lichten Laubwäldern, entlang von Hecken und Wegen.

Die zwei- bis selten mehrjährige Pflanze lässt sich in der Regel im ersten Jahr an ihren auf langen Stielen sitzenden, nierenförmigen, am Rand buchtig gekerbten Blättern gut erkennen. Wenn die Pflanze zur Blüte hochwächst, werden die Blätter herzförmig.

Wichtigstes Bestimmungsmerkmal ist der deutliche Knoblauchduft, der beim Zerreiben der Blätter entsteht.

Geerntet wird von März bis Mai – die jungen Blätter, die Sprosse oder die weißen Blüten. Roh genossen entfalten sie vor allem ihre knoblauchartige, leicht scharfe Würzkraft, gekocht verfliegt das Aroma rasch. Dennoch kann die Knoblauchsrauke als streckendes Wildgemüse in so manchem Gericht landen bzw. nach der Garzeit als Gewürz beigefügt werden.

Die Wurzel und ausgereiften Samen sind pfeffrig scharf und wurden schon in früheren Zeiten zum Würzen eingesetzt.

KNÖTERICHGEWÄCHSE

Polygonaceae

Innerhalb der Knöterichgewächse können alle Arten von Ampfer (*Rumex spec.*) sowie der Japanische Staudenknöterich (*Reynoutria japonica*) verwendet werden. Letzterer ist ein recht ungern gesehener, ausbreitungswütiger Neophyt – dort wo er aber ohnehin schon wächst, kann man die jungen Triebe (bis ca. 20 cm Höhe) gekocht verwenden. Mit zunehmendem Alter und je nach Art reichern Knöterichgewächse leider mehr oder weniger viel an Oxalsäure an – diese verhindert in unserem Körper die Aufnahme von Eisen, Magnesium und Kalzium, kann zu Sodbrennen führen und begünstigt in weiterer Folge auch Gicht und Nierensteine. Stark säuerlich schmeckende Pflanzen sollten daher nicht in zu großen Mengen verzehrt werden. In Kombination mit Milchprodukten (bzw. anderen mineralstoffreichen Lebensmitteln) oder durch Kochen und Wegschütten des Kochwassers lässt sich die Oxalsäure allerdings deutlich abmildern/reduzieren. Durch milchsaure Fermentation (Sauerkrautherstellung) wird die Oxalsäure sogar weitgehend neutralisiert.

Stumpfblättriger Ampfer

Vom Schlangenknöterich (*Bistorta officinalis*), Vogelknöterich (*Polygonum aviculare*) und Windenknöterich (*Falopia Convolvulus*) können ähnlich wie beim verwandten Buchweizen (*Fagopyrum spec.*) die wohlschmeckenden Samen gegessen werden. Da auch diese etwas Oxalsäure enthalten, werden sie vorzugsweise gekocht und das Kochwasser nicht weiterverwendet bzw. man lässt die Nüsschen keimen.

Der bekannteste Vertreter innerhalb von Gärten ist wohl der Rhabarber (*Rheum rhabarbarum*), dessen dicke Stängel nur sehr jung (von Mai bis Juni) vorzugsweise als Kompott oder Kuchenbelag verwendet werden.

Schlangenknöterich

Rhabarber

Wissenswertes

Zusammenfassend kann man sagen, dass Vertreter der Knöterichgewächse zwar grundsätzlich ungiftig sind und als Notnahrung dienen können, aber von einem täglichen und übermäßigen Verzehr abzuraten ist.

Sumpf-Kratzdistel

KRATZDISTELN

Cirsium spec.

» VIDEO Kratzdisteln

Als die häufigsten Arten sind hier die Acker-Kratzdistel (*Cirsium arvense*) und die Gewöhnliche Kratzdistel (*Cirsium vulgare*) zu nennen. In Waldnähe oder entlang von Bächen trifft man häufig auch auf die Sumpf-Kratzdistel (*Cirsium palustre*) und die weniger stachelige Kohl-Kratzdistel (*Cirsium oleraceum*). Ihnen allen gemein ist die Tatsache der Essbarkeit und hier ist vor allem die Wurzel interessant. Sie kann vom Spätherbst bis in den Frühling geerntet werden. Verwendet werden nur Pflanzen vor der Blüte, also im ersten Vegetationsjahr, in der sie als wintergrüne Blattrosette überdauern. Sobald im zweiten Lebensjahr die Distel zur Blüte aufschießt, geht die Energie in die oberirdischen Teile und die Wurzeln werden zäh und holzig.

Dort wo Disteln nicht zur Blüte gelangen können (zum Beispiel im Rasen), bilden sich besonders schöne, kräftige Wurzeln aus. Es empfiehlt sich in seinem näheren Umfeld einmal bewusst nach Disteln zu suchen. Verwechslungsgefahr besteht, sofern man die stacheligen, wintergrünen Blattrosetten als wichtiges Bestimmungsmerkmal hernimmt, eigentlich vorwiegend mit der Silberdistel (*Carlina acaulis*). Diese ist zwar nicht giftig und die Blütenböden sind auch roh essbar (Jägerbrot), aber sie steht einerseits unter Naturschutz und andererseits ist sie eine starke Heilpflanze, deren Wurzel alles andere als schmackhaft ist. Ein weiteres wichtiges Bestimmungsmerkmal von Kratzdisteln – sie führen nie einen Milchsaft – somit kann auch der stachelige Giftlattich (*Lactuca virosa*) ausgeschlossen werden. Die Wurzeln der Kratzdistelarten können dünn fadenförmig bis fast fingerdick werden. Nach dem Ausgraben werden sie gut unter fließendem Wasser gereinigt und ungeschält in Stücke geschnitten und verkocht.

Der Geschmack erinnert etwas an Topinambur und ist in der Regel mild. Junge Sprosse, entstachelte Blätter, die Blütenböden sowie bei der Kohl-Kratzdistel die geschlossenen Blütenköpfe gelten ebenso als essbar und können als Wildgemüse dienen.

Die Samen sind in der Regel sehr klein und die sparrigen Flugschirmchen müssten bei der Weiterverarbeitung mitgemahlen oder auf einem heißen, befeuchteten Lagerfeuerstein abgeflammt werden.

Rezept

Wurzelsuppe

für 4 Personen

Die stärkereichen Wurzeln sättigen und schmecken am besten in einer bunten Mischung.

Zutaten

- 1 Liter Wasser
- 3–4 große Handvoll Wurzelgemüse (Distel, Kartoffel, Topinambur, Pastinak, Klette, Löwenzahn, Karotten ...)
- 1 Zwiebel
- 250 ml Schlagobers (Sahne)
- etwas Olivenöl
- Kräuter- oder Pilzsalz, Pfeffer

Zubereitung

1. Unterschiedliche nährstoffreiche Speicherwurzeln von Wild- oder Kulturpflanzen werden gereinigt und klein geschnitten.
2. Die Zwiebel wird fein gehackt und in etwas Olivenöl in einem Topf leicht angeröstet. Die Wurzeln werden beigemengt und ebenso kurz geröstet, gewürzt und mit Wasser aufgegossen. Schlagobers wird hinzugefügt und das Ganze bei schräg aufgelegtem Deckel für ca. 1 Stunde köcheln gelassen.
3. Die Suppe wird püriert und abgeschmeckt. Sollte sie noch zu dünn sein, kann sie mit einem gut verrührten Gemisch aus etwas Wasser und Mehl eingedickt werden. Als Topping passt perfekt das auf Seite 138 beschriebene Wurzelgröst'l.

Wissenswertes

Das Sammeln von Wurzeln sollte bei allen essbaren Wildpflanzen mit äußerster Achtsamkeit geschehen. Die Wurzeln sind das Herz der Pflanze. Um Bestände nicht zu dezimieren oder gebietsweise sogar auszurotten, ist es wichtig immer nur dort zu nehmen, wo Fülle herrscht, bzw. Disteln und Co einfach einen Platz im eigenen Garten einzuräumen.

LINDE

Tilia spec.

Die zwei häufigsten heimischen Linden sind die Winterlinde (*Tilia cordata*) und die Sommerlinde (*Tilia platyphyllos*). Während Erstere kleine, dunkelgrüne, an der Oberfläche glatte, glänzende Blätter hat, hat Zweitere größere, weiche und auf Ober- und Unterseite behaarte Blätter. Die Unterscheidung spielt aber keine große Rolle und häufig genug finden sich ohnehin Mischformen. Der Winterlinden-Typus ist etwas schmackhafter und angenehmer vom Mundgefühl. Als bedeutsamer Speisebaum sollte die Linde in keinem Wald, keiner Parkanlage, auf keinem Dorfplatz und auch nicht im eigenen Garten/der Nachbarschaft fehlen.

Im Winter können bereits Knospen gesammelt werden – wie öfters im Buch erwähnt, nur von alten Bäumen und niemals zu viel. Bei größeren Sammelaktivitäten muss immer der Besitzer des Baumes gefragt werden. Die Knospen schmecken sehr mild, enthalten viele Schleimstoffe, aber auch Eiweiß und tun der Verdauung gut.

Die jungen Blätter im Frühling sind mild, erinnern geschmacklich an Kopfsalat und können auch wie ebendieser zubereitet werden. Salat aus Lindenblättern, Lindenblätter auf's Butterbrot ... da gibt es viele kulinarische Möglichkeiten. Beim Sammeln sollte allerdings auf eine ungewollte Proteinbeilage geachtet werden – vor allem Blattläuse und Gallen (von Gallmilben und Gallmücken) können auftreten, sind aber mit dem freien Auge gut erkennbar. Zur Herstellung von Laubmehl erntet man vorzugsweise junges Laub im Mai – in dieser Zeit schmeckt es einfach am besten. Da die Linde aber (als Ausnahme unter den Bäumen) im Laufe des Jahres wenig Gerbstoffe einlagert, kann auch noch im weiteren Jahresverlauf gepflückt werden. Wird das Laub zügig (max. 40 °C) getrocknet und vermahlen, entsteht ein wunderbares grünes Laubmehl. Etwaige grobe Stücke kann man durch Sieben aussortieren. Aufgrund fehlender Kleberanteile kann das grüne Pulver zwar nicht solo zum Backen verwendet werden, aber bis zu 30 % vom Mehlanteil eines Brotes ersetzen. Es passt auch in Eintöpfe, Aufstriche oder Ähnliches, wirkt leicht andickend und kann daher auch zum Binden von Saucen verwendet werden. Laubmehle halten sich in etwa 1 Jahr – verlieren aber zunehmend an Nährwert und Vitaminen.

Nach den schmackhaften Knospen und der süßlichen Lindenblüte erscheinen die noch unreifen kugeligen Nussfrüchte – solange sie noch nicht verholzt sind, kann man auch diese wunderbar essen. Die Früchte der Winterlinde-Typen sind im Gegensatz zu denen der Sommerlinde-Typen manchmal bis in den Hochsommer hinein zart und essbar. Vor dem Sammeln sollte man immer eine Kostprobe machen bzw. versuchen, ob sie sich noch zwischen zwei Fingern zerdrücken lassen. Sie enthalten ein nahrhaftes, öliges Samenmark. Man verwendet sie roh, gekocht oder auch eingelegt wie Kapern. Sobald sie vollständig ausgereift sind, werden sie für den Verzehr im Ganzen zu hart und es wird bedeutend mühsamer an das nahrhafte Innere zu kommen. In Notzeiten kann man durchaus versuchen durch Zerstampfen und Kochen, Trocknen und Zermahlen oder durch gutes Zerkauen und Ausspucken der zu faserigen, harten Teile, etwas davon abzubekommen.

Rezept

Buttermilchbrot mit Lindenblättermehl

für 2 große Brotlaibe

Frisch aus dem Ofen – der beste Genuss!

Zutaten

- 500 g Dinkelmehl (davon 20 bis max. 250 g Lindenmehl)
- 250 g Weizenmehl
- 250 g Roggenmehl
- Brotgewürze
- Kräutersalz
- 2 Pkg. Trockenhefe
- 250 ml zimmerwarme Buttermilch
- ca. 400 ml lauwarmes Wasser

Für gerade mal 10 g Lindenblättermehl braucht es zwei große Tabletts mit zum Trocknen ausgelegten Blättern – aber die Mühe lohnt sich. Das Blättermehl duftet süß und verleiht dem Brot schon in kleiner Menge ein besonderes Aroma.

Zubereitung

1. Die Mehle werden gemeinsam mit den Gewürzen, der Hefe, der Buttermilch und einem Großteil des Wassers vermischt und gut durchgeknetet. Bei Bedarf wird Wasser beigegeben – bis ein geschmeidiger Teig entsteht.
2. Abgedeckt rastet der mit Mehl bestäubte Teig mindestens 1 Stunde.
3. Das Backrohr wird mit einem hitzefesten, wassergefüllten Topf am Boden bestückt und auf 210 °C Heißluft vorgeheizt.
4. Der Teig wird in zwei Brotlaibe geformt und auf zwei mit Backpapier ausgelegten Backblechen nochmals 30 Minuten rasten gelassen.
5. Die Laibe werden nun in das Backrohr geschoben – nach 10 Minuten sollte man den Wasserdampf entweichen lassen.
6. Weitere 30 Minuten wird das Brot nun fertiggebacken, ohne dass die Tür nochmals geöffnet wird. Sobald die Brotlaibe hohl klingen (mit dem Fingerknöchel draufklopfen) sind sie fertig und können zum Auskühlen beiseitegestellt werden.

LÖWENZAHN

Taraxacum sect. Ruderalia

Die bekannte Pflanze lässt sich überall dort finden, wo es im Boden ein hohes Nährstoffangebot gibt, und ist in Menschennähe allgegenwärtig. Notnahrungsrelevant sind vor allem die Wurzeln, die ab Ende Oktober bis in den März hinein geerntet werden können.

Die in allen Pflanzenteilen enthaltenen Bitterstoffe regen zwar die Tätigkeit der Galle an und wirken verdauungsfördernd, sollten aber beim Verzehr größerer Mengen ausgelaugt werden. Dazu wird die Wurzel zunächst gewaschen und mit einer kleinen Handbürste gut gereinigt. Junge Wurzeln braucht man nicht schälen. Klein geschnitten werden sie mehrere Stunden (z. B. über Nacht) in Wasser eingeweicht. Kaltes Wasser und mehrmaliger Wasserwechsel sind dem Auslaugen in warmem Wasser vorzuziehen – da sonst nicht nur die Gerbstoffe, sondern auch das Inulin herausgelöst werden wür-

de. Die so weitgehend entbitterten Wurzelstücke schmecken recht angenehm – können roh wie auch gekocht verzehrt werden.

Der Inulingehalt (Ballaststoff) ist mit fast 40 % im Herbst am höchsten – zum Frühling hin reduziert sich dieser Wert um mehr als die Hälfte und es werden kurz vor der Blüte wieder vermehrt Bitterstoffe eingelagert. Am besten schmecken die Wurzeln nach den ersten Frösten im Spätherbst.

Die Blätter, Knospen und Blüten können ebenso als Ergänzung des Speisezettels dienen. Alle Teile dieser leicht bestimmbaren Pflanze können roh wie auch gekocht verspeist werden. Verwechslungsgefahr besteht im Normalfall höchstens mit anderen Löwenzahnarten (*Leontodon spec.*), Ferkelkraut (*Hypochaeris radicata*), Hainsalat (*Aposeris foetida*) und Arten von Pippau (*Crepis spec.*) sowie Habichtskraut (*Hieracium spec.*) – allesamt ungiftig. Dennoch ist eine einwandfreie Bestimmung bei jeder Ernte ein unbedingtes Muss. Eine Verwechslung mit giftigen Greiskräutern (*Senecio spec.*) ist unbedingt auszuschließen.

Achtung: Der Löwenzahn ist auch eine starke Heilpflanze – sie regt den Gallenfluss an und wirkt entwässernd.

Rezept

Wurzelgröst'l

Immer ein Genuss!

Zutaten

- Wurzelgemüse (Löwenzahn, Kartoffeln, Klette, Disteln ...)
- Sonnenblumenöl oder Butterschmalz
- Salz, Pfeffer

Zubereitung

1. Verschiedenes Wurzelgemüse wird gereinigt, ggf. geschält, in kleine Würfel geschnitten und in etwas Fett so lange angebraten, bis das Gemüse gut durchgegart ist.
2. Gesalzen und gepfeffert kann man das Gröst'l auf einem Salat, zu Spinat oder als Suppentopping genießen.

Löwenzahnkaffee

In Notzeiten eine schnelle und gesunde Lösung ein liebgewonnenes Ritual zu ersetzen ...

Zutaten

- Löwenzahnwurzeln

Zubereitung

1. Die Wurzeln werden gereinigt, klein geschnitten, zügig bei etwa 40 °C getrocknet und in einem Schraubglas aufbewahrt.
2. Für den Kaffee röstet man sie bei milder Hitze in einer beschichteten Pfanne und vermahlt anschließend mehrere Portionen.
3. Für 250 ml Wasser wird 1 TL kurz aufgekocht und der Kaffee-Ersatz mit Milch, Honig oder Zimt verfeinert.

NADELBÄUME

Coniferales

Als wichtige Vertreter gelten in unseren Wäldern die Fichte, die Lärche, die Kiefer, die Douglasie und die Tanne. Von den genannten Nadelbäumen muss man die giftigen Arten Eibe und Thuja (auch wenn in der Natur selten vorkommend) zweifelsfrei unterscheiden können.

Fichtenzapfen

Die Fichte (*Picea abies*) verliert ihre Zapfen im Spätwinter bzw. Frühling. Bei trockenem Wetter öffnen sich zunächst noch am Baum hängend ihre Schuppen und entlassen die Fichtensamen – bis auch der leere Zapfen auf den Boden folgt. Manchmal hat man aber das Glück bereits früher noch geschlossene Zapfen am Waldboden zu finden (die Reifung erfolgt bereits zwischen Oktober und November).

Die winzig kleinen Samen sind essbar und in jeder Zapfenetage vorhanden. Dafür bricht man den braunen Zapfen einfach auseinander, entnimmt die flügelförmige Samenhülle und löst den kleinen Samen am unteren Ende heraus. Um einen gewissen Nährwert zu bekommen, müssen die Samen sehr gut gekaut oder zermahlen werden. Mühsam ob der kleinen Samen, aber in Notzeiten vielleicht besser als nichts – vor allem weil es bei den Zapfen keine Verwechslungsmöglichkeiten mit giftigen Vertretern gibt und weil manche Gegenden doch sehr von der Fichte dominiert werden. Die jungen Triebe im Mai können roh gegessen werden, schmecken angenehm säuerlich, frisch und enthalten viel Vitamin C. Aufgrund der enthaltenen Gerbstoffe und Harze ist der Genuss aber je nach Verträglichkeit beschränkt. Die Haupttriebe werden nie gesammelt, auch niemals zu viel von einem Ast und nur von älteren Bäumen. Getrocknet und vermahlen können die jungen Triebe auch als Streckmehl dienen. Die weiblichen (daraus reifen die Zapfen) und männlichen Blüten der Fichte schmecken angenehm fruchtig. Sie reifen im April und können von tiefhängenden Ästen gesammelt werden. Nach einem Sturm liegen Blüten oftmals am Waldboden und können bei trockener Witterung auch dort aufgelesen werden. Man sollte darauf achten, dass sie nicht mit Walderde verschmutzt sind (zum Beispiel nach Regen) – weil dies die Gefahr birgt mit Fuchsbandwurmeiern in Kontakt zu kommen. Aufgeweichte Blüten schmecken außerdem nicht mehr wirklich gut.

Fichtenblüten

Tanne

Bei der Tanne (*Abies alba*) fallen die Zapfen nie zu Boden und verlieren ihre etwas größeren, ölhaltigen Samen mitsamt ihren Schuppen schon in luftiger Höhe. Man kann diese dann mitsamt der Zapfenschuppen am Waldboden finden – sie schmecken leider relativ harzig-herb und sind daher als Notnahrung (ev. geröstet und geschält) nur bedingt geeignet. Die Blüten der Tanne sind in der Regel unerreichbar hoch. Die jungen, zitronigen, aber auch herben Tannentriebe sind essbar, die ausgereiften Tannennadeln vor allem ein interessantes Gewürz für die süße wie pikante Küche.

Ebenso aromatisch zeigen sich die Triebspitzen der ähnlichen Douglasie (*Pseudotsuga menziesii*), die man stellenweise in unseren Wäldern oder auch Parkanlagen findet. Mit ihrem intensiven Orangenduft ist sie aber auch mehr Würz- als Nahrungsmittel. Sie wirft ähnlich der Fichte ihre Zapfen ab. Die Samen können ebenso verwendet werden.

Bei der Lärche (*Larix decidua*) kann man in kleinen Mengen die jungen Nadeln essen. Im zeitigen Frühjahr, noch vor dem Austrieb, erscheinen bereits die wohlschmeckenden Blüten.

Waldkiefern (*Pinus sylvestris*) haben die männlichen Blüten ab Mai traubenförmig um die jungen Triebe angeordnet – wie kleine gelbe Kugeln sitzen sie rundum. Sie haben einen sehr angenehmen, knackigen Geschmack und können als Nahrung dienen – ggf. auch getrocknet weiterverarbeitet werden. Die noch sehr jungen Triebe des auch als Föhre bezeichneten Baums sind in kleinen Mengen essbar. Die Samen unserer heimischen Kiefer sind leider ebenso wie bei der Fichte sehr klein und harzig. Lagert man beiderlei Zapfen an einem warmen Ort, öffnen sie sich und die Samen lassen sich herausklopfen – diese können mitsamt dem Samenflügel fein vermahlen werden und dienen als Streckmittel.

Im Grunde sind die Samen aller Kiefernarten essbar – und so kann man durchaus auch in Parkanlagen fündig werden. Oft sind Stadtbäume mit Hinweistafeln versehen und man achte einfach auf den

Gattungsnamen *Pinus*. Mit der Pinie (*Pinus pinea*) ist man aber immer gut beraten. Ab Oktober sind die Zapfen ausgereift und können bis April mit Stöcken heruntergeschlagen oder aus luftiger Höhe gepflückt werden. Gibt man die Zapfen bei ca. 60–80 °C in ein Backrohr, kann man zusehen, wie sie langsam die Schuppen öffnen (ist auch in einer heißen Pfanne möglich). Nach dem Auskühlen arbeitet man die fettreichen Samen (bis zu 600 kcal/100 g!) mit einem Messer heraus. Je nach Art umgibt die Kerne noch eine mehr oder weniger harte Schale, die sich jedoch nach dem Rösten in einer beschichteten Pfanne (bis sie goldbraun sind) in der Regel händisch lösen lässt. Natürlich sollte man sie dafür vorher ebenso auskühlen lassen.

Kiefernblüte

links Fichtensamen – rechts Kiefernsamen

In den Alpen kann man mit der heimischen Zirbe (*Pinus cembra*) Glück haben. Ihre Samen sind groß, fettreich und wohlschmeckend. Hier fallen die Zapfen im Frühling/Sommer mitsamt den Kernen zu Boden und können bequem gesammelt werden. Damit sich die Zapfen öffnen und die Nüsse leichter herausgearbeitet werden können, werden sie vorzugsweise ebenso erwärmt. Ausgelöste Pinien- und Zirbenkerne halten nur wenige Wochen und sollten rasch verbraucht werden. Ungeschälte Samen bzw. noch im Zapfen *verpackte* halten sich dunkel und kühl gelagert mehrere Monate.

PASTINAK

Pastinaca sativa

Gemüse-Pastinak ist wohlbekannt – weniger, dass es auch eine Wildform, den Wiesen-Pastinak (*Pastinaca sativa supsp. sativa var. partensis*) gibt. Seine Standorte ähneln oftmals denen der Wilden Möhre – sonnig-warme Weg- und Straßenränder und Ruderalflächen. Wie bei den Korbblütlern gewohnt, braucht es eine eindeutige Bestimmung der Pflanze. Ist man einmal mit dem Habitus vertraut, ist sie unübersehbar. Geerntet wird die Wurzel im ersten Jahr der zweijährigen Lebenszeit – ebenso wie bei der Gemüse-Pastinake. Werden sie erst nach den ersten Frösten geerntet, schmecken sie zunehmend süßlich. Sobald sie im fortschreitenden Frühling aus der Blattrosette in die Höhe zu wachsen beginnt, wird die Wurzel zäh und holzig.

Vorzugsweise erntet man die stärkereichen Wurzeln von September bis März immer frisch, kann sie aber auch gut (in kleine Würfel geschnitten) trocknen und so bevorraten. Pastinak kann roh wie auch gekocht verwendet werden, ist in der Regel sehr gut verdaulich und mit etwa 60 kcal auch sehr nahrhaft. Beim Hantieren der Pflanze (Blätter) kann es in Verbindung mit Sonnenschein zu einer phototoxischen Reaktion auf der Haut kommen (Wiesendermatitis) – Menschen mit Disposition in diese Richtung sollten vorsichtig sein. Ansonsten können die Blätter wie auch die Blüten und Samen als Würze in der Küche Verwendung finden. Wer Pastinaken im Garten ein Zuhause gibt, braucht sich um die anspruchslose Pflanze wenig zu kümmern – sie samt sich im zweiten Jahr stets zahlreich aus, braucht lediglich ab und an ein Ausjäten, damit sie nicht von anderen Beikräutern verdrängt wird und offener Boden für die nächste Generation bereitsteht.

Rezept

Fermentiertes Pastinakengemüse

Milchsäuregärung (wie es alle von Sauerkraut kennen) macht Lebensmittel für eine längere Zeit haltbar. Im Grunde können alle Sorten von relativ festem (wildem) Gemüse, gerne auch gemischt mit knackigen Äpfeln, Birnen oder auch Zwiebel und Knoblauch, verwendet werden. Ebenso wie festes Blattgrün von ergiebigen Quellen (Linden- und Ahornlaub, Ampferblätter ...).

Zutaten

- 500 g Pastinaken und Karotten
- 1 Apfel
- ½ EL Natursalz
- zuvor ausgekochtes Bügelglas 500 ml
- etwas Säurefestes zum Beschweren (Glasgewichte, Ton, Granitstein ...) – ebenso zuvor sterilisiert

Zubereitung

1. Das Wurzelgemüse wird gut gereinigt und ggf. geschält und gerieben.
2. Der Apfel wird geschält und ebenso zerkleinert und alle Zutaten zusammengefügt. Je nach Wunsch können auch noch Gewürze wie Ingwer oder Chili in das Ferment wandern.
3. Nun wird die Masse gut geknetet, so dass die enthaltene Flüssigkeit austreten kann.
4. Mit etwas Rastzeit (ca. 30 Minuten) kann das Salz gut arbeiten und die Flüssigkeit sich vermehren.
5. Nun wird die Masse nochmals durchgeknetet und mit der Hand oder einem Stößel fest in das Bügelglas gedrückt – es sollen keine Hohlräume entstehen.

6. Falls zur Hand, wird das Gemüse mit einem sauberen Brombeer-, Wein- oder Himbeerblatt abgedeckt – sie unterstützen die Fermentation und verhindern, dass sich Pflanzenmaterial am Gewicht vorbeischummelt.
7. Nun wird die Masse mit etwas Probatem beschwert.
8. Nachdem Pastinaken relativ wenig Zellflüssigkeit besitzen, ist es in der Regel nötig etwas Lake anzugießen (3 g Salz = ca. ½ TL werden dazu in 100 ml kaltem Wasser aufgelöst). Je nach Gemüsewahl kann der austretende Pflanzensaft aber auch vollkommen ausreichend sein. Ca. 2 cm können zwischen der gemüseabdeckenden Lake und dem Glasrand bleiben.
9. Mitsamt dem Dichtungsring wird nun alles verschlossen und der Bügel hinuntergedrückt – diese Gläser haben den Vorteil, dass sie zwar keinen Sauerstoff hineinlassen, aber Gärgase/Flüssigkeit entweichen kann.
10. Der Ansatz wird auf einen Teller gestellt und nun bei Raumtemperatur und dunkel in Ruhe stehen gelassen.
11. Nach ca. 10 Tagen sollte man das Ferment umsiedeln – die Temperatur sollte nun nur noch zwischen 15–18 °C betragen (Keller, Vorratskammer). Damit wird die Fermentation gestoppt und es kann noch reifen.
12. Nach ca. 7 Wochen ist das Wurzelgemüse genussfertig. Während des ganzen Prozesses sollte immer kontrolliert werden, ob die Oberfläche noch gut mit Flüssigkeit bedeckt ist – sobald es angebrochen wird, sollte es innerhalb von ca. 6 Wochen verbraucht bzw. in kleinere Gläser umgefüllt und wieder mit Salzlake aufgefüllt werden.

TIPP

Je wärmer und länger das Ferment steht, desto säuerlicher und weicher wird es.

SCHLEHE

Prunus spinosa

In manchen Gegenden findet man die Urpflaume noch überaus häufig. Sie wird auch Schwarzdorn genannt und liebt sonnige Standorte im Heckenverbund. Ihre durchaus großen Früchte leuchten dunkelblau ab Oktober in den kahl werdenden Sträuchern. Sie schmeckt vor dem ersten Frost aufgrund der enthaltenen Gerbstoffe noch sehr herb und ist nur bedingt süß. Im Wettstreit mit der Tierwelt kann es aber durchaus sinnvoll sein, nicht zu lange damit zu warten, das reife Steinobst schon etwas früher zu ernten (nicht ohne genügend für die Tiere übrig zu lassen) und sie zu Hause für etwa zwei Tage einzufrieren. Beim Pflücken ist aufgrund der langen Dornen Vorsicht geboten. Ein weiteres kleines Manko – der enthaltene Kern ist relativ groß und sollte nicht mitgegessen werden. Der fruchtig-herbe Geschmack der Früchte wiegt dies aber definitiv auf und so lohnt sich auch die Mühe eine Marmelade herzustellen. Dazu werden die Schlehen nach dem Kochen durch ein Sieb oder die Flotte Lotte gestrichen. Auch Likör oder *falsche Oliven* lassen sich aus ihnen zaubern. *Falsche Oliven* – das sind in einem Salz- oder Essigsud eingelegte Früchte. Der Nährwert pro 100 g Schlehen (ohne Kern) liegt bei ca. 55 kcal.

Wer die Möglichkeit hat, einen Garten oder Park (mit)zugestalten, sollte nicht auf die Schlehe verzichten – zahlreiche Tierarten von Insekten, Kleinsäugern bis Vögel leben in und mit dem Schwarzdorn, darüber hinaus sind die filigranen weißen Blüten im Frühling eine wahre Augenweide. Als Strauch, der gut mit Trockenheit und kargen Böden zurechtkommt und Nahrung für so viele bietet, darf er in Zukunft noch viel mehr an Bedeutung gewinnen.

SPRINGKRAUT

Impatiens glandulifera

Als eingewanderte Art (Neophyt) ist das Drüsige bzw. Indische Springkraut bei Naturschützern zwar ungern gesehen, jedoch beim Thema Notnahrung unverzichtbar.

Entlang von Bachläufen kommt das hohe, rosa blühende Kraut oft in großer Anzahl vor. Die auch Bauernorchidee genannte Pflanze ist einjährig, sät sich aber jedes Jahr großzügig aus und schickt, für sie durchaus praktisch, viele Samen auch mit dem Wasser auf Reisen. Nachdem sie die heimische Flora verdrängt, wird sie in relevanten Naturschutzgebieten immer wieder entfernt. Dort wo sie bereits großflächig vorkommt, kann man sie aber durchaus nutzen und ihre Vorzüge aufzeigen. Mit der ausdauernden Blüte bis spät in den Herbst hinein, ist sie eine interessante Insektenweide, aber auch eine sehr ergiebige essbare Wildpflanze.

In rohem Zustand kann man kleine Mengen der schwarzen Samen essen (dafür schließt man die Hand um die größeren, prallen Samenkapseln und drückt sie etwas, so dass einem die Samen in die Hand springen). Sind die Früchte noch weiß, sind sie noch nicht vollständig ausgereift, aber ebenso verzehrbar. Auf größere Mengen sollte man roh verzichten, da es sonst zu Durchfall und Erbrechen kommen kann. Die in geringen Mengen enthaltenen Giftstoffe sind hitzelabil – somit kann man die Samen rösten oder auch die jungen Samenkapseln in Suppen kochen oder in Butter dünsten. Nach dem ersten Frost fallen die imposanten Pflanzen in sich zusammen. Daher empfiehlt es sich die Samen von September bis Oktober zu sammeln. Wenn man sie trocknet, halten sie in Schraubgläsern aufbewahrt mehrere Monate.

» VIDEO
Springkraut

Es gibt auch ein heimisches, weniger wucherndes Springkraut – das gelb blühende Große Springkraut / Rühr-mich-nicht-an (*Impatiens noli-tangere*), das man vor allem im Wald häufig antrifft und das ebenso zu verwenden, jedoch bei Weitem nicht so ergiebig ist.

Das Kleine Springkraut (*Impatiens parviflora*) zählt wiederum zu den Neophyten, wenngleich nicht so dominant wie ihre rosa Schwester. Allen drei Springkrautarten gemeinsam ist das explosionsartige Aufspringen der ausgereiften Samenkapseln bei der leichtesten Erschütterung oder Berührung.

Gedünstete Samenkapseln

Mild schmeckendes Wildgemüse.

Zutaten

- Samenkapseln vom Springkraut
- Butter
- Salz, Pfeffer

Zubereitung

1. Noch nicht aufgesprungene Samenkapseln werden abgepflückt und in einer beschichteten Pfanne in etwas Butter bei mittlerer Hitze weich gedünstet.
2. Gesalzen und gepfeffert werden sie mit einem Stück Brot genossen.

ULME

Ulmus spec.

In unseren Breiten sind drei Ulmenarten bekannt: die häufige Bergulme (*Ulmus glabra*), die Feldulme (*Ulmus minor*) und die seltenere Flatterulme (*Ulmus laevis*). Gleich um welche Ulmenart es sich handelt, sie sind allesamt ungiftig.

Von Interesse ist vor allem das junge Laub von April bis Mai, das, wenn auch nicht ganz so mild wie bei der Linde, zu einem probaten Laubmehl verarbeitet werden kann. Nach einer sehr frühen Blüte im März erscheinen oft schon im April die noch hellgrünen Fruchtstände – in Büscheln zusammengefasst zeigen sich häutige Teller (Samara genannt), in deren Mitte bzw. Rand ein kleiner Samen liegt. Sie werden oftmals für Blätter gehalten, erscheinen ja oft zeitgleich bzw. kurz nach dem Laubaustrieb. Mild im Geschmack kann man sie, solange sie noch saftig und grün sind, im Ganzen roh essen.

Wissenswertes

Möchte man Blätter als Laubmehl für den Winter bevorraten, empfiehlt es sich die gut getrockneten Blätter zunächst in einem Schraubglas dunkel und kühl zu lagern und für eine längere Haltbarkeit erst kurz vor der Verwendung zu mahlen. Wenn die Blätter etwas an *Reschheit* verloren haben, kann es mitunter nötig sein, sie nochmals an einem warmen Ort bei ca. 40 °C nachzutrocknen. Rascheltrockenes Laub – ob von Bäumen oder Kräutern bzw. knackend auseinanderbrechbare Fruchtkörper von Pilzen oder Obst – können am besten vermahlen werden.

VOGELMIERE

Stellaria media

Bereits unter der Schneedecke beginnt dieses unermüdliche und vermeintliche Unkraut zu sprießen. Auf Gartenbeeten oder in Balkonkisten – sie findet überall einen Weg. Sehr vitamin- und mineralstoffreich (mit einem sehr hohen Eisenwert) ist sie zur Frühlingszeit eine wichtige Ergänzung der Ernährung.

Sie wird in der Regel nur roh verwendet, schmeckt angenehm knackig, frisch, nach unreifem Mais. Mit ihren kleinen weißen Blüten und den saftigen, runden und behaarten Stängeln hat sie eigentlich keine giftigen Doppelgänger. Mit 20 kcal/100 g kann sie zwar nur geringfügig bereichern, ist aber sehr ergiebig. Fälle von Überdosierung sind nicht bekannt – jedoch sind alle saponinhaltigen Pflanzen vom Verzehr her begrenzt und es empfiehlt sich, sich an die gut vertragene Menge heranzutasten, bzw. dem Körper Zeit zu lassen sich an die wilde Kost zu gewöhnen. Gegessen wird die ganze Pflanze mitsamt Stängel, Blätter, Blüten und Fruchtkugeln.

» VIDEO
Vogelmiere

Kartoffelsalat mit Vogelmiere

für 3–4 Personen

Wenn im Frühling die letzten, vitaminarmen Gemüsevorräte verkocht werden, zaubert die Vogelmiere viel Lebenskraft in Gerichte.

Zutaten

- 1 kg Kartoffeln
- 3 Karotten
- 3 Handvoll Vogelmiere
- Essig, Salz
- 1 Knoblauchzehe
- Sonnenblumenöl
- Senf, Pfeffer, Honig

Zubereitung

1. Die Kartoffeln werden geschält und bissfest gekocht, ausgekühlt und in Scheibchen geschnitten.
2. Die Karotten werden gerieben und mit den Kartoffeln vermischt.
3. Die Vogelmiere wird gründlich gewaschen, klein geschnitten und dem Salat beigegeben.
4. Essig, Salz, Senf, Pfeffer, eine gepresste Knoblauchzehe und etwas Honig werden glatt gerührt. Wenig Sonnenblumenöl wird untergerührt, bis die Marinade leicht anzudicken beginnt. Anschließend wird noch mit wenig Wasser aufgegossen und der Salat damit mariniert. Er sollte mindestens 30 Minuten ziehen können und wird vor dem Essen gegebenenfalls nochmals nachgewürzt.

Wissenswertes

Viele Frühlingskräuter können unser Essen aufwerten und Mangelerscheinungen vorbeugen – besonders früh dran sind neben der Vogelmiere unter anderem die Schaumkräuter (*Cardamine spec.*), Brennnessel (*Urtica dioica*), Giersch (*Aegopodium podagraria*), Schafgarbe (*Achillea millefolium*), Barbarakraut (*Barbarea vulgaris*), Taubnessel (*Lamium spec.*), Löwenzahn (*Taraxacum sect. Ruderalia*), Sauerampfer (*Rumex acetosa*), Bärlauch (*Allium ursinum*), Wiesen- und Klettenlabkraut (*Galium mollugo* und *Galium aparine*).

Hat man noch Hülsenfrüchte in der Dose vorrätig (Linsen, Mais, Bohnen ...), kann man Salate zu einer satt machenden Hauptmahlzeit *hochleveln*. Auch Obst passt immer wieder gut in frisch-freche Salatkreationen.

Falsche Brunnenkresse – *Cardamine amara*

WALDERDBEERE

Fragaria vesca

Walderdbeeren reifen schon sehr früh im Jahr, und so kann man an Böschungen, auf Kahlschlägen sowie an Weg- und Waldrändern die roten Früchte oft schon ab Juni entdecken. Mit ihren markanten, außen mit Samen bedeckten Fruchtkörpern haben sie in unseren Breiten keine giftigen Vertreter. Die in Blatt und Frucht sehr ähnliche Scheinerdbeere (*Potentilla indica*) ist zwar ebenso essbar, aber geschmacklich leider enttäuschend.

Scheinerdbeere

Die köstlichen Walderdbeeren liefern vor allem Zucker und sind mit etwa 32 kcal/100 g ein klassisches Obstbeispiel. Ob der Vitamine und Mineralstoffe isst man die Beeren vorzugsweise roh, kann sie aber auch gut trocknen (zügig bei ca. 40 °C). Sobald sie gekocht werden, werden sie leider bitter – was sie für reine Walderdbeermarmelade nicht wirklich interessant macht.

Gartenzüchtungen fruchten in der Regel erst etwas später, manchmal dafür bis in den Herbst hinein. Marmelade aus solchen Früchten ist ein beliebter Klassiker. Erdbeeren eignen sich auch für den kleinsten Naschgarten – lassen sich über Ableger ganz einfach vermehren.

Rezept

Walderdbeerlikör

Durch den Alkohol sind die Beeren viele Jahre lang haltbar und bleiben sehr aromatisch.

Zutaten

- 3 Handvoll Walderdbeeren
- 1 l Kornschnaps bzw. Alkohol mit mindestens 38 %
- Kandiszucker bzw. Honig nach eigener Vorliebe

Zubereitung

1. Die gewaschenen und trocken getupften Erdbeeren werden gemeinsam mit Schnaps und Zucker in ein Ansatzgefäß gegeben und gut verschlossen.
2. Der Walderdbeerlikör wird an einem hellen, zimmerwarmen Ort für ca. 6 Wochen ziehen gelassen und täglich einmal kurz geschwenkt. Falls im späteren Jahresverlauf noch andere Beeren gesammelt werden (Heidelbeeren, Himbeeren, Brombeeren ...) können diese zum Ansatz immer noch dazugegeben werden, dieser muss dann einfach etwas länger stehen bleiben.
3. Vor dem Abfüllen wird der Likör probiert. Ist der Likör zu süß ausgefallen, kann man noch etwas Kornschnaps oder destilliertes Wasser beifügen, ist er zu wenig süß, gibt man nochmals Zucker hinzu und lässt den Ansatz so lange stehen, bis er sich aufgelöst hat. Zu scharfen Alkohol kann man ebenso durch die Zugabe von Zucker abmildern bzw. destilliertes Wasser verwenden.
4. Nach ca. 6 Wochen wird der Likör abgeseiht und die Beeren werden nach dem Abfüllen (in weithalsige Flaschen) wieder hinzugefügt.

WEGERICHE

Plantago spec.

In unseren Breiten sind vor allem der Breit- und der Spitzwegerich bedeutsam. Mit giftigen Pflanzen sind diese beiden Arten im Grunde nicht verwechselbar und innerhalb der Wegeriche auch keine giftigen Vertreter bekannt.

Der Breitwegerich (*Plantago major*) kommt auf verdichteten Böden vor, säumt daher oftmals Wegränder und Fußsteige. Die jungen Blätter im Inneren der Blattrosette sind schmackhaft, leicht bitter, mit angenehmem pilzigem Aroma und können roh oder gekocht in unsere Mägen wandern. Interessant sind vor allem die nährstoffreichen, glutenfreien Samen – sitzen sie noch grün und unreif an den langen Stielen, kann man sie mit etwas Druck abstreifen und roh knabbern bzw. trocknen und ggf. vermahlen. Ausgereifte Samenstände erkennt man daran, dass sie bräunlich geworden sind und sich sehr leicht abziehen lassen. Entweder gibt man die Ernte in ein sehr feinmaschiges Sieb und trennt damit Spreu und Samen (diese sind klein und schwarz) oder man gibt sie in eine flache Schale bzw. Handfläche und pustet vorsichtig hinein. Die Hülsen können aber auch mitgegessen bzw. gemeinsam mit den Samen vermahlen werden – so sind auch die bekannten indischen Flohsamenschalen zur Unterstützung der Verdauung nichts anderes als die Hüllen von den Wegericharten *Plantago indica/afra*.

Um die Nährstoffe besser aufnehmen zu können, werden die ausgereiften Samen (kurz vor der Verwendung) immer geschrotet/gemörsert bzw. sehr gut gekaut. Es ist wichtig Wegerichsamen außerdem mit ausreichend Flüssigkeit zu sich zu nehmen, da sie stark wasserbindend wirken. Man kann die Samen aber auch 2–3 Stunden in Wasser aufquellen lassen. Sie sind zwar winzig klein, aber aufgrund der Häufigkeit des Breitwegerichs zahlt es sich durchaus aus zu sammeln. Für den Wintervorrat sollten die Samen nochmals einige Stunden ausgebreitet getrocknet werden – in Schraubgläser gefüllt, dunkel und kühl gelagert, halten sie mindestens bis zur nächsten Saison.

Die Samenstände vom Breitwegerich findet man vom Juni bis in den späten Herbst hinein. Da er in der Regel immer etwas zeitversetzt reift, gibt es eigentlich im Sommer immer wieder Möglichkeiten zum Sammeln. Mit zunehmendem Alter sitzen dann aber nur noch die Deckkapseln auf den Stielen – hier macht man einfach eine kurze Probesammlung in die Handfläche hinein und schaut, ob sich noch einige der Samen finden lassen.

Breitwegerich

Den Spitzwegerich (*Plantago lanceolata*) findet man häufig in Wiesen – er ist, was die Samen betrifft, ähnlich wie der Breitwegerich zu behandeln – wenn auch nicht ganz so ergiebig. Die noch geschlossenen Blütenstände sind mit ihrem pilzigen Aroma sehr wohlschmeckend und können die Küche ebenso vielfältig bereichern. Die leicht bitteren Blätter (vor allem wenn sie gekocht werden) sind neben ihrer Essbarkeit eine unabdingbare Notfallapotheke. Angequetscht wirken sie blutstillend, abschwellend, entzündungshemmend und antibakteriell.

Wilde Crackers

„Brot“, das ganz ohne Mehl auskommt …

Die Anteile von Sonnenblumenkernen und Walnüssen können auch durch andere Zutaten ersetzt oder ergänzt werden – Brennnesselsamen, Kürbiskerne, Haselnüsse, Nachtkerzensamen … . Als süße Variante lassen sich auch getrocknete Beeren oder Früchte und etwas Honig einbacken.

Zutaten

- 70 g Sonnenblumenkerne
- 70 g Walnüsse
- 60 g Leinsamen
- 40 g Breitwegerichsamen bzw. Flohsamen
- 2 EL Sonnenblumenöl
- 300 ml heißes Wasser
- Kräutersalz

Zubereitung

1. Die Samen, Kerne und Nüsse werden abgewogen und grob zerkleinert (Mixer, Mörser …)
2. Die Masse wird mit Öl und dem heißen Wasser übergossen, etwas gesalzen, gut verrührt und für 10 Minuten quellen gelassen.
3. Backofen auf 155 °C Heißluft vorheizen und ein Backblech mit Backpapier vorbereiten.
4. Die Masse wird gleichmäßig auf ein Backblech gestrichen – so dünn als möglich – aber ohne dass Löcher im Teig entstehen.
5. Das Ganze wird ca. 40 Minuten lang gebacken, bis sich die Ränder leicht zu bräunen beginnen.
6. Nach dem Auskühlen kann man sie in mundgerechte Stücke schneiden oder brechen. Wurden sie etwas zu kross gebacken, zerbrechen sie sehr leicht – schmecken aber trotzdem.
7. Luftdicht, kühl und dunkel gelagert halten die wilden Crackers etwa 3–4 Wochen.

WEISSDORNE

Crataegus spec.

Alle Weißdornarten sind grundsätzlich ungiftig – im deutschsprachigen Raum findet man in der Natur vor allem den Eingriffeligen und den Zweigriffeligen Weißdorn (*Crataegus monogyna* und *laevigata*). Als durchaus ergiebiges Nahrungsmittel sind hier vor allem die Früchte erwähnenswert, werden aber von manchen Menschen schlecht vertragen – hier heißt es wieder herantasten. In der Schwangerschaft sollte man auf Weißdornfrüchte lieber ganz verzichten. Ab September/Oktober sind sie reif und leuchten von den Sträuchern in kräftigem Rot.

Vom Energiewert sind sie bei ca. 50 kcal/100 g angesiedelt. Sie können roh gegessen werden, schmecken aber fad und mehlig. Verwechslungsgefahr besteht in der Natur eigentlich nur mit der Mehlbeere (*Sorbus aria*), deren Früchte sind ebenso essbar, sollten aber wegen der enthaltenen Parasorbinsäure ähnlich wie bei der Eberesche lieber gekocht werden.

Die Weißdornfrüchte (je nach Art mit 1–3 Kernen) werden am besten mit wenig Wasser weich gekocht und dann durch ein Sieb oder die Flotte Lotte gestrichen. Das entstandene pektinreiche Mus ist Ausgangsbasis für alles Mögliche – Kuchen, Pesto, Suppen, Marmeladen. Weißdorn mischt sich gut mit Apfel bzw. allen anderen Wildfrüchten. Zur Bevorratung kann das Mus der Früchte eingekocht oder getrocknet und zu Mehl vermahlen werden.

Rosa blühende Zuchtformen sind auch als Rotdorn bekannt. Bei diesem hübschen Zierstrauch/-baum sollte man allerdings der Tierwelt zuliebe auf ungefüllte Sorten setzen. Essbar ist auch er – bildet aber in der Regel kaum bis wenig Früchte aus.

Wissenswertes

(Blüten)Knospen sowie junges Laub von ungiftigen Bäumen und Sträuchern können in der Regel immer den Speiseplan ergänzen. Oftmals kann man den milden Geschmack aber nur im Frühling *einfangen*. Laubmehle bereichern Suppen, Eintöpfe, machen sich gut im und aufs Brot. Gesammelt wird von eigenen Bäumen, nach Rücksprache mit den Besitzern bzw. in der freien Natur immer nur so, dass man pro Gehölz ganz wenig nimmt. Sammeltätigkeiten sollen das Wachstum von Bäumen und Sträuchern nie negativ beeinflussen!

WIESENBOCKSBART

Tragopogon pratensis

Je nach Gegend kann diese gelb blühende Pflanze sehr häufig vorkommen – bevorzugt in nährstoffreichen Wiesen und an Wegrändern. Typisch für den Wiesenbocksbart sind die grasartigen Blätter, die im oberen Bereich wunderschöne Schnörkel bilden, und die edlen lang gezogenen Knospen sowie der weiße Milchsaft, der bei Verletzungen austritt.

Giftige Doppelgänger sind mit diesen wenigen Merkmalen in der Regel auszuschließen. Verwandt mit der Schwarzwurzel (*Scorzonera hispanica*) und der Haferwurz (*Tragopogon porrifolius*), kann die Pflanze ebenso wie diese verwendet werden.

Im ersten Vegetationsjahr des zwei- oder mehrjährigen Wiesenbocksbarts werden von Oktober bis April die Wurzeln geerntet und gekocht verwendet. Aber auch die leicht süßlichen Stängel und Triebe, Blätter, Knospen und Blüten können in der Küche vielfach (roh oder gekocht) verwendet werden. Die geschlossenen Knospen mit einem Teil des Stängels werden gerne wie Spargel zubereitet.

WILDE MÖHRE

Daucus carota subsp. carota

Die Wilde Möhre kommt gebietsweise sehr häufig vor, bevorzugt trockene, warme Standorte auf Ruderalflächen, Wiesen oder entlang von Straßen und Wegen. Das Blattgrün an borstig behaarten Stängeln sowie der Duft beim Zerreiben erinnern sehr an Karotte. Das Laub ist in der Regel eher unscheinbar und wenig üppig. Eine einwandfreie Bestimmung ist sehr wichtig, da es auch einige sehr ähnliche, stark giftige Doldenblütler gibt. Eine Verwechslung mit Hundspetersilie (*Aethusa cynapium*) oder Geflecktem Schierling (*Conium maculatum*) wäre fatal!

Anhand des Blattgrüns ist die Bestimmung auch für geübte Augen nicht unbedingt einfach – vorzugsweise wartet man die markante Blüte bzw. die Samenstände ab, um dort dann auch nach jungen

Pflanzen Ausschau zu halten. Die Blüten der Wilden Möhre sind mit einer einzelnen schwarzen, sterilen Blüte in der Mitte relativ gut bestimmbar und auch die Samenstände sind innerhalb der Doldenblütler mit ihrer Vogelnestform unverkennbar. Zur einwandfreien Bestimmung siedelt man sich die schöne Wildpflanze sonst einfach im eigenen Garten oder bei Freunden/Bekannten an und bringt damit eine wichtige Futterpflanze des Schwalbenschwanzes in die Landschaft.

Von besonderem Interesse sind die Wurzeln der einjährigen, noch nicht in die Blüte gegangenen Exemplare. Etwas süßer und fasriger als das bekannte Kulturgemüse und von weißer Farbe können sie ab September bis in den Frühling hinein geerntet werden. In der Küche sind sie in gleicher Weise zu verwenden. Von Rohkost bis zum Eintopf – vieles ist möglich. Mit ca. 25 kcal/100 g sind die Wurzeln zwar wenig kalorienreich, aber mitunter doch ergiebig und sättigend. Möhrengrün, Blüten wie auch die würzigen Samen können ebenso gegessen werden – dienen aber eher als aromatisierende, sparsame Beigabe.

Wissenswertes

Innerhalb der Doldenblütler gibt es zwar etliche essbare Vertreter – Giersch (*Aegopodium podagraria*), Pastinak (*Pastinaca sativa*), Bibernelle (*Pimpinella spec.*), Wiesenkerbel (*Anthriscus sylvestris*), Bärenklau (*Heracleum sphondylium*), Wald-Engelwurz (*Angelica sylvestris*) ... Die einwandfreie Bestimmung kann aber durchaus herausfordernd sein – vor allem bei feinlaubigen Vertretern sind die Unterschiede oft nur minimal, was zu tödlichen Verwechslungen führen kann. Zudem können manche Arten in Verbindung mit Sonne bei der Ernte ungewollte Hautreaktionen auslösen (phototoxische Wirkung). Doldenblütler sind für Fortgeschrittene!

Essbare Gärten

Blumenpracht und Nahrhaftigkeit sind kein Widerspruch. Ganz gleich ob Parkanlage, Verkehrsinsel, Schrebergarten, Balkonparadies oder Wiesenfläche – Platz findet sich überall.

Viele essbare Pflanzen kennen wir als hübsche Zierpflanzen und hätten vielleicht nicht geahnt, wie wohlschmeckend sie sind. Andere sind so mit unserer Tradition verbunden, dass sie so wie der Apfelbaum ohnehin allgegenwärtig das Landschaftsbild prägen. Für giftige und für die Tierwelt mehr oder weniger uninteressante Pflanzen wie Kirschlorbeer, Thuje, Ziergräser und Buchsbaum sollte man sich bei Neubepflanzungen nach Möglichkeit nicht entscheiden. Schaffen wir lieber naturnahe und essbare Paradiesgärtlein – die Möglichkeiten sind viele und beginnen auf dem kleinsten Raum ...

APFELBAUM

Malus domestica

» VIDEO Apfelbaum

Bereits im Mittelalter begann der Apfel – ursprünglich aus Asien stammend – in Mitteleuropa populär zu werden. Was in einer fast unüberschaubaren Ausprägung von Sorten unterschiedlichster Eigenschaften seinen Lauf nahm, ist nun mit wenigen, aber gut verkäuflichen Arten leider schon etliche Jahre am Schwinden. Glücklicherweise haben sich verschiedenste Organisationen und private Personen dem Erhalt alter Sorten verschrieben und bringen diese wieder vermehrt in Umlauf – Kontakte dazu im Anhang.

Ein Apfelbäumchen gehört praktisch in jeden Garten und über alles, was man nicht verarbeiten kann und am Boden liegen bleibt, freuen sich sonst auch Rehe, Insekten und anderes Getier. Diesbezüglich darf der Begriff *Allmende*-Obst nicht fehlen. Obst, das für alle zur freien Entnahme steht. Landkarten mit Sammelorten finden sich im Anhang des Buches. Ebenso ist es möglich seinen eigenen Überschuss hier anzubieten.

Die Apfelernte beginnt je nach Sorte ab August und zeigt sich dadurch, dass die ersten (meist noch wurmstichigen) Exemplare vom Baum zu fallen beginnen. Durch das regelmäßige Schütteln älterer und höherer Bäume (bzw. geduldiges Warten) kann man laufend das Fallobst verarbeiten bzw. nun auch mit dem Pflücken beginnen. Angeschlagene sowie wurmige Äpfel müssen zügig in die Küche kommen – können aber nach dem Ausschneiden der betroffenen Areale zu Vielerlei verarbeitet werden.

Lagerfähige Apfelsorten werden immer nur direkt vom Baum gepflückt und brauchen einige Zeit zum Nachreifen, in der sich die Stärkereste in Zucker umwandeln. Sie halten sich am längsten (bis zu 5 Monate) in einem dunklen Raum bei etwa 0–5 °C und mit ausreichend Luftfeuchtigkeit (ist die Raumluft zu trocken, können sie auch mit einer perforierten Plastikfolie bedeckt werden). In Holzkisten gelegt sollten sich die Äpfel bestmöglich nicht berühren und regelmäßig kontrolliert und bei Bedarf aussortiert werden. Äpfel sollte man nicht mit anderem Obst oder Gemüse lagern – sie geben den Stoff Ethylen ab, der seine Nachbarn schneller reifen und verderben lassen würde.

Mit 50–60 Kilokalorien pro 100 g Apfel ist die Frucht zwar weniger nahrhaft als Nüsse und Co, aber äußerst ergiebig und eine wertvolle Zucker- und Pektinquelle. In der Schale stecken zudem viel Vitamin C, Folsäure und Mineralstoffe.

TIPP

Zu Beginn der Apfelernte räume ich faulige Äpfel auf den Kompost, um unter den Bäumen nicht zu viele Wespen und Hornissen anzuziehen – verlagere damit den Insektenhotspot – ohne das Fallobst unzugänglich zu machen. Zum Ende der Sammelsaison bleibt der Rest ohnehin der Tierwelt.

Rezept

Apfelessig

So einfach stellt man selber Essig her – der wiederum andere Nahrungsmittel haltbar machen kann und daher für das Thema Notnahrung unabdingbar ist.

Zutaten

- 1 kg Äpfel (können angeschlagen oder wurmstichig sein)
- 200 g Zucker oder Honig
- 2 Liter Wasser

Zubereitung

1. Die Äpfel werden gewaschen (nicht zu gründlich, weil auf der Schale natürliche Wildhefen sitzen, die für die alkoholische Gärung nötig sind). Schadhafte Stellen schneidet man aus und viertelt die Früchte.
2. Die Apfelstücke wie auch das mit Zucker vermischte Wasser (Futter für die Hefepilze) werden in ein großes Ansatzgefäß gegeben und mit einem Geschirrtuch abgedeckt. Das Glas sollte dunkel bei Zimmertemperatur stehen.
3. Am Anfang ist es noch nötig die Apfelstücke täglich umzurühren und unterzutauchen. Es riecht angenehm nach Gärung und Bläschen beginnen aufzusteigen.
4. Nach etwa 2–3 Wochen setzt ein leicht wahrnehmbarer Essigduft ein. Möglicherweise bildet sich unter der Oberfläche eine gallertartige Masse – die sogenannte Essigmutter. Schlieren und ein

gewisser Bodensatz gehören auf jeden Fall zum Prozess dazu. Eine weiße Schicht an der Oberfläche hat übrigens in der Regel nichts mit Schimmel zu tun – dass ist unbedenkliche Kammhefe.

5. Nach dieser ersten Phase kann man entweder die Äpfel abseihen und den Essig bei Zimmertemperatur noch weitere 4 Wochen reifen lassen oder man lässt die Apfelstücke im Ansatz und rührt einfach nicht mehr um, bis die Essigmutter (falls sich eine bildet) an der Oberfläche so gewachsen ist, dass man sie separat aufbewahren kann.
   Für diese Aufbewahrung gibt es grundsätzlich verschiedene Möglichkeiten: Entweder verwendet man sie (nach dem Herauslösen der Apfelstücke) gleich wieder in einem neuen Ansatz oder belässt sie im abgeseihten und gereiften Essig und erhält sie mit einer monatlichen *Fütterung* von ½ Teelöffel Zucker am Leben. Die Essigmutter besteht aus Essigsäurebakterien, die Alkohol mit Hilfe von Sauerstoff in Essigsäure umwandelt. Sie könnte theoretisch sogar mitgegessen werden – verhilft aber lieber jedem neuen Essigansatz schneller zu einer lebendigen Bakterienanzahl. Beim Essigmachen darf man sich auf seine Nase verlassen – angenehme, vertraute Düfte bestätigen den gewünschten Voranschritt – am besten träufelt man eine kleine Menge auf ein Taschentuch. Auf diese Weise lässt sich der Duft am besten prüfen. Essigansätze wie auch die Essigmutter brauchen Sauerstoff (also nur ein Geschirrtuch/Küchentuch, um Insekten fernzuhalten) sowie Zimmertemperatur, um zu reifen. Riecht der Essig noch sehr stechend, ist die Reifung noch nicht ganz abgeschlossen und man sollte ihm noch etwas Reifezeit gönnen.

6. Fertiger Essig (Geschmacksprobe) wird ohne das Obst in Flaschen gefüllt und luftdicht verschlossen – eine gewisse Trübung/Bodensatz ist bei dem selbst hergestellten Naturprodukt ganz normal und unbedenklich.

Apfelleder

Dieses Rezept kommt ganz ohne Zucker aus und verwandelt den Apfel in eine mehrere Jahre haltbare Notnahrung – oder sollte man doch lieber „köstliche Nascherei" sagen? Dieses einfache Rezept lässt sich auch auf anderes Obst wie Birnen, Brombeeren etc. ummünzen bzw. mit anderem Obst gut kombinieren.

Rezept

Zubereitung

1. Die Äpfel werden gewaschen und alle schadhaften Stellen sowie das Kerngehäuse ausgeschnitten.
2. Die so gesäuberten Äpfel werden mit wenig Wasser (ca. 2 cm bodenbedeckt) in einem Topf weich gekocht. Das dauert je nach Hitze etwa eine halbe Stunde. Die Äpfel sollten musartig zerfallen und die Schale sich lösen. Bei Bedarf kann man immer noch etwas Wasser zugeben. Es sollte aber zum Ende hin verkocht sein und das Mus etwas angedickt, aber keinesfalls am Topfboden anbrennen.
3. Das so entstandene dicke Apfelmus wird entweder durch die Flotte Lotte getrieben (um die Apfelschalen auszusortieren) oder mit einem Pürierstab fein gemixt.

4. Anschließend kommt die Masse ca. 6 mm dick auf ein Backblech, das mit Backpapier ausgelegt ist. Zum Trocknen braucht es nun entweder für mehrere Tage einen warmen Ort (auskühlender Holzherd, Kachelofen, Heizung) oder man schiebt alles bei etwa 50 °C und leicht geöffneter Tür für 6–8 Stunden in den Backofen. Zimmertemperatur alleine reicht nicht aus – hier würde das Apfelleder zu schimmeln beginnen. Wird es jedoch zügig getrocknet, erkennt man deutlich die Veränderung – es wird dunkler, dünner und alle feuchten Stellen trocknen vollständig ab.
5. Schließlich kann man das Apfelleder (seinem Namen alle Ehre machend) einfach vom Backpapier abziehen. Man trocknet es auch nochmals kurz von der anderen Seite und kann es dann (in das Backpapier eingerollt) in einer Keksdose oder Ähnlichem für mehrere Jahr luftdicht und kühl aufbewahren. Zum Essen werden einfach Streifen heruntergerissen/geschnitten.

Rezept

Apfelpulver

Ein außerordentliches Geschmackserlebnis und probater Zuckerersatz für Notzeiten.

Zubereitung

1. Äpfel werden geviertelt, von Schale und Kerngehäuse befreit und in Scheiben geschnitten.
2. Diese werden bei ca. 70 °C zügig getrocknet (Backrohr, Dörrautomat ...), bis sie man sie knackend auseinanderbrechen kann.
3. Die Apfelstück werden in einer Gewürzmühle oder Ähnlichem fein gemahlen und in Schraubgläsern aufbewahrt. Das so entstandene Pulver neigt dazu, bei geringer Feuchtigkeit zu verklumpen, wird aber dann einfach mit einem Löffel aufgelockert. Es schmeckt intensiv süß und fruchtig – erinnert an Traubenzucker. Apfelpulver kann zum Süßen aller Speisen und Getränke verwendet werden und verleiht darüber hinaus ein herrliches Apfelaroma. Die Süßkraft hängt von der Sorte ab und ein leichtes Gelieren (beim Einrühren in Flüssigkeiten) sollte man einrechnen. Von hier an öffnet sich aber ein spannendes Küchenexperimentierfeld.

Eingekochte Apfelstücke

Rezept

für 2 Gläser

Eine Alternative zum bekannteren Apfelmus. Eine Köstlichkeit, die man pur oder mit Joghurt genießen kann bzw. die Mehlspeisen aller Art verfeinert.

Zutaten

- 1,5 kg Äpfel
- je nach Süße der Äpfel etwas Zucker – ca. 100–160 g
- Saft und Schale einer unbehandelten Orange bzw. etwas abgekochtes Wasser
- Zimt, Vanille, Nelkenpulver

Zubereitung

1. Die Orange wird gut gewaschen und die Schale abgerieben. Anschließend wird sie ausgepresst und der Saft in eine Rührschüssel gegeben, mit dem Zucker und den Gewürzen vermischt.
2. Die Äpfel werden geschält und das Kerngehäuse entfernt. Die Apfelspalten werden in kleine Würfel geschnitten und gleich mit dem Ansatz vermengt.
3. Die Stückchen werden für ca. 1 Stunde stehen gelassen, so dass sich noch mehr Flüssigkeit bilden kann.
4. Im weiteren Verlauf werden die Äpfel in zuvor ausgekochte Gläser gefüllt und mit der Flüssigkeit aufgefüllt (bis ⅔ des Glases).Wenn es sich für das letzte Glas nicht mehr ganz ausgehen sollte, kann man noch abgekochtes Wasser angießen oder es später einfach als Erstes verbrauchen. Es ist wichtig darauf zu achten, dass beim Einfüllen das Glas nirgends bekleckert wird – ein Einfülltrichter mit großer Öffnung kann hier hilfreich sein.

Rezept

5. Die Apfelgläser werden mit den Schraubdeckeln bzw. Weckzubehör verschlossen und in einen mit einem kleinen Handtuch ausgelegten Topf gestellt (sofern man keinen eigens dafür gedachten Einkochtopf oder Einkochautomaten hat).
6. Es wird zimmerwarmes Wasser aufgefüllt, so dass die Gläser zu drei Viertel im Wasserbad stehen (ohne sich gegenseitig oder die Topfwand zu berühren). Der Topf wird erhitzt – sobald das Wasser 80 °C heiß ist, beginnt die *Einkochzeit* – diese dauert bei mittelgroßen Gläsern (425 ml) 15 Minuten.
7. Anschließend werden die Gläser mit einem Geschirrtuch oder einer Gläserzange vorsichtig aus dem Topf gehoben und auf ein Geschirrtuch gestellt. Um plötzlichen Temperaturunterschieden durch Zug vorzubeugen, werden die Gläser mit einem Geschirrtuch abgedeckt.
8. Nach dem Auskühlen werden etwaige Klammern entfernt und die Gläser etikettiert. Sie halten an einem kühlen, dunklen Ort bis zu einem Jahr.

Wissenswertes

Zum Einkochen (Sterilisieren) im Wasserbad empfiehlt sich ein Thermometer, da sich die Wassertemperatur unterhalb von etwa 100 °C (sprudelnd kochendes Wasser) nur schwer abschätzen lässt und der Zeitpunkt, wo das Wasser zu dampfen beginnt, auch von der Umgebungstemperatur abhängig ist. Vor dem Ablesen sollte das Thermometer einige Minuten im Wasser hängen. Die Einkochtemperatur und Dauer hängt von der Größe der Gläser und der Art und Größe des Einkochgutes ab. Bei großen Stücken Kernobst wie Quitte, Apfel, Birne kann dies bei 90 °C bis zu 30 Minuten dauern. Wildfrüchte wie Eberesche, Schlehe oder Hagebutte kommen mit 80 °C und 25–30 Minuten aus. Falls Gemüse eingekocht wird, verlängert sich die Einkochzeit und erhöht sich die Einkochtemperatur je nach Art. Bücher oder ausgedruckte Listen dazu sollten in keinem krisensicheren Haushalt fehlen!

Flüssigpektin

Ein selbst gemachtes Gelier- und Bindemittel.

Zutaten

- 2,5 kg unreife, grüne Äpfel
- 1250 ml Wasser

Zubereitung

1. Die gewaschenen Äpfel werden mitsamt Schale und Kerngehäuse klein geschnitten und mit dem Wasser in einem großen Topf zum Kochen gebracht.
2. Zugedeckt darf die Masse nun eine halbe Stunde bei schwacher Hitze köcheln, bevor sie durch ein mit einem Geschirr- oder Mulltuch ausgelegtes großes Sieb geseiht wird. Dieser Vorgang nimmt etwas Zeit in Anspruch.
3. Sobald die Flüssigkeit durchgelaufen ist, wird sie erneut aufgekocht – so lange bis sie sich in etwa auf die Hälfte reduziert hat und sirupartig geworden ist.
4. Das Flüssigpektin wird dann in zuvor ausgekochte kleine Gläser gefüllt und gut verschlossen.
5. Für eine noch längere Haltbarkeit empfiehlt es sich die Gläser nochmals für 5–10 Minuten im Wasserbad bei 75 °C zu sterilisieren (siehe Seite 184).
6. Bei Marmeladen rechnet man auf 1 kg Früchte in etwa 125 ml Flüssigpektin – diese Angabe kann je nach dem Pektingehalt der Früchte variieren und wird sonst durch die Gelierprobe bestimmt. Säuerliche, unreife Früchte haben einen höheren Pektingehalt als sehr süße Früchte.

Rezept

BIRNE

Pyrus communis

Viele Apfelrezepte lassen sich auch mit Birnen zubereiten. Je nach Sorte sind Birnen weniger gut lagerfähig und werden daher alsbald roh vernascht, eingekocht oder anderweitig verarbeitet. Zügig getrocknete kleine Birnen (ca. 60 °C für 18 Stunden) werden zu den typischen Kletzen. Kletzen beschreiben in der Regel mitsamt Stiel und Kerngehäuse getrocknete vollreife Most- und Kletzenbirnen. Vor dem weiteren Verarbeiten (zum Beispiel zu Früchtebrot auf Seite 232) werden sie für 24 Stunden in Wasser eingeweicht und anschließend ohne Stiel und Kerne klein geschnitten. Großfruchtige Tafelbirnen werden lieber in Spalten oder Ringe geschnitten, getrocknet und luftdicht, kühl und dunkel aufbewahrt.

Werden aufgeschnittene Früchte bei höherer, konstanter Temperatur (ca. 70 °C) resch getrocknet, können sie anschließend zu einem Süßungsmittel vermahlen werden – ähnlich dem Apfelpulver. Die Schale wird dabei belassen. Auf diese Weise lassen sich auch kleinfruchtige, herbe Mostbirnen gut verarbeiten – diese müssen aber zuvor noch nachreifen und mürbe werden. Erst wenn das Fruchtfleisch weich und braun ist, haben sich die enthaltene Stärke und die Fruchtsäure in Zucker umgewandelt.

DAHLIE

Dhalia

Sie sind als opulente Gartenzierpflanzen wohlbekannt, doch die wenigsten wissen, dass Dahlien bei den Azteken noch als Lebensmittel galten. Theoretisch sind Blüten, Blätter wie auch die Knollen essbar. Letztere werden ebenso wie Kartoffeln zubereitet und sollten vor dem Verzehr etwa 20 Minuten gekocht werden. Theoretisch .... Denn die meisten Dahlienarten haben in ihren Speicherknollen mittlerweile ein intensives blumiges Aroma, das beim Essen nicht wirklich mundet. Je nach Sorte sind hier deutliche Unterschiede möglich.

Mittlerweile werden aber auch spezielle Deli-Dahlien gezüchtet und angeboten. Der Name *Deli* kommt von *delikat* und bezieht sich auf Sorten mit schmackhaften Knollen. Diese Züchtungen bringen auch weniger fasrige und ergiebigere Knollen als gewöhnliche Dahlien hervor. Man kann sich hier einfach einmal durch die herbstliche Ernte der eigenen Sorten degustieren oder den Garten um einige Deli-Dahlien ergänzen.

Wer die schöne Notnahrung im eigenen Garten kultivieren möchte, setzt die Knollen ab Mai in die Erde. Im Sommer erfreuen die bunten Blüten, die auch roh verzehrt werden und als außergewöhnliche Deko dienen können. Auch das Laub ist essbar und roh wie gekocht verwendbar. Nach den ersten Herbstfrösten wird die Dahlie abgeschnitten und ausgegraben. Man lagert die Knollen dunkel, kühl, frostfrei und bei ausreichender Luftfeuchtigkeit, beispielsweise in einem Keller bzw. in einem Sandbett. Für den Verzehr eignen sich vor allem die äußeren, jungen Knollen und weniger die inneren, fasrigen, die im nächsten Jahr einfach wieder eingepflanzt werden.

EIBE

Taxus baccata

Eine hochgiftige Pflanze als Notnahrung? Mit ihren süßen, essbaren Früchten, die erst spät im Jahr reifen (botanisch gesehen eigentlich ein Samenmantel), darf sie in diesen Aufzählungen einfach nicht fehlen – wenngleich der kompakte Same im Inneren ebenso giftig wie das Holz oder die Nadeln ist.

Eiben findet man vor allem in Parkanlagen, bei alten Klöstern und auf Friedhöfen, sie sind mitunter auch als mit der Heckenschere gut formbare Hecken bekannt. In der freien Natur begegnet man der Eibe nur noch selten – dezimiert als einstmals sehr begehrtes Holz für den Bogenbau, hat die langsam wachsende Eibe jetzt keinen forstwirtschaftlichen Nutzen mehr. Dabei würde vor allem die Tierwelt sehr von ihr profitieren. Dort wo Kinder wohnen, sollte man auf die Eibe aber grundsätzlich verzichten. Die Gefahr, dass die Früchte mitsamt dem Kern verschluckt werden, ist einfach zu groß.

Der kräftig rote Samenmantel reift erst spät im Jahr und dient ab September bis in den November hinein als Nahrung. Zum Verarbeiten werden die Früchte vorsichtig (ohne den Kern zu verletzen) entkernt und zum Beispiel zu Eibenmarmelade verarbeitet. Ein Mitkochen der Kerne sollte vermieden werden. Beim Direktnaschen wird der Kern gleich wieder ausgespuckt – dies sollte aber niemals Kindern vorgezeigt werden – für diese dürfen die Früchte sicherheitshalber als giftig gelten.

FELSENBIRNE

Amelanchier spec.

Als wunderschöner Strauch mit zahlreichen Sorten wie auch als heimische Art (*Amelanchier ovalis*) sollte sie in keinem Garten oder Park fehlen. Von Interesse bezüglich der Nahrhaftigkeit (85 kcal/100 g) sind die dunkelblauen Früchte, die schon früh ab Juni/Juli reifen und auch roh genascht werden können. Je nach Sorte variieren hier die Aromen.

In den kleinen Kernen (die einfach mitgegessen werden) stecken in sehr geringer Menge cyanogene Glykoside. Diese werden allerdings nur frei, wenn die Kerne stark zerkleinert und dann vor allem in sehr großer Menge zu sich genommen werden. Die Konzentration sinkt auch deutlich, wenn die Früchte voll ausgereift sind. So gesehen empfiehlt sich ein Herantasten an die gut verträgliche Dosis von ausschließlich vollreifen Früchten.

Als Haltbarkeitsmethode bieten sich das Einlegen in Alkohol (als Likör), das Einkochen (als Marmelade, Kompott) oder das Dörren (bei ca. 50 °C) an.

Felsenbirnenblüte

GLOCKENBLUMEN

Campanula spec.

Alle Glockenblumenarten sind für den Menschen grundsätzlich ungiftig. Im Mittelalter wurde die Rapunzel-Glockenblume (*Campanula rapunculus*) noch als wichtige Gemüsepflanze angebaut. Aus den Gärten ausgebüchst kommt sie in Deutschland und der Schweiz in der Natur gebietsweise häufig vor (in Österreich bereits wieder vom Aussterben bedroht) und sollte abseits von Notzeiten unbedingt geschont werden. Vorzugsweise kauft man sie in Gärtnereien, die diese besondere Rarität wieder vermehren und siedelt sie im Garten oder der Nachbarschaft (nach Rückfrage) an. Die kleinen Wurzeln dienten und dienen als mild-süßliches und stärkereiches Gemüse – gerieten aber später durch die ertragreichen Karotten immer mehr in Vergessenheit. Die jungen Blätter wurden als Salat verwendet.

Die Speicherknollen der wild vorkommenden und mehrjährigen Nesselblättrigen Glockenblume (*Campanula trachelium*) und Acker-Glockenblume (*Campanula rapuncoloides*) sind nicht sehr groß, aber auch hier kann sich eine Ernte rentieren – vorausgesetzt sie kommen in sehr großer Anzahl vor.

Glockenblumenwurzeln werden vom Spätherbst bis in den frühen Frühling gesammelt. Bei Wildbienen sind Glockenblumen sehr beliebte Schlafplätze und so lohnt es sich aus mehreren Blickwinkeln diesen schönen Pflanzen wieder mehr Platz in unseren Gärten und Parkanlagen zu schenken.

JOHANNISBEEREN

Ribes spec.

Als Begleiterin des typischen Bauerngartens ist sie meist wohlbekannt. Es werden in erster Linie die Rote Johannisbeere (*Ribes rubrum*) und die Schwarze Johannisbeere (*Ribes nigrum*) unterschieden. Die gärtnerischen Züchtungen Jostabeere (*Ribes x nidigrolaria*) und die Kulturform der Stachelbeere (*Ribes uva-crispa var. sativum*) gehören ebenso zur Gattung der Johannisbeeren. Die blau bereiften Früchte des Zierstrauchs Blut-Johannisbeere (*Ribes sanguineum*) sind zwar klein und weniger wohlschmeckend als andere Sorten, aber durchaus essbar – für Mensch und Vogelwelt.

Die Rote Johannisbeere (Ribisel) ist anfänglich sehr säuerlich und schmeckt erst in der Vollreife angenehmer, wobei die anderen aufgezählten Sorten deutlich milder und süßer im Geschmack sind. Der Nährwert bewegt sich zwischen 40 und 50 kcal/100 g.

Klassisch werden die Johannisbeeren / Stachelbeeren zu Saft, Likör oder Marmelade verarbeitet. Als sehr pektinreiche Früchte eignen sie sich hervorragend zum Mischen mit anderem Obst.

Werden Naschgärten angelegt, dürfen Vertreter der Johannisbeeren auf keinen Fall fehlen – die vitaminreichen Früchte (viel Vitamin C) sind bei Kindern äußerst beliebt. Die Erntezeit beginnt je nach Sorte ab Juni.

Stachelbeere

Wissenswertes

Die meisten Beerensträucher (Johannisbeeren, Himbeeren, Brombeeren, Heidelbeeren ...) lassen sich recht einfach vermehren. Eine der vielen Möglichkeiten ist die, im Herbst einen der jungen Triebe (mit deutlichen Knospen) ca. 15 cm lang mit einer scharfen Gartenschere abzuschneiden und in die Erde einzugraben. Es sollte nur noch eine der Knospen aus dem Boden ragen. Bis in den Frühling hat der Steckling mit etwas Glück neue Wurzeln gebildet.

KORNELKIRSCHE

Cornus mas

Ob ihrer frühen Blüte ab März ist die Kornelkirsche – ein beliebter Zierstrauch in Gärten und Parkanlagen – seltener auch in der *freien Wildbahn* anzutreffen.

In vielen sonnengelben Blütendolden leuchten im Vorfrühling die noch kahlen Zweige des auch als Gelber Hartriegel bekannten Strauchs. Ab August reifen die ovalen und vitalstoffreichen Früchte – sobald sie dunkel- bis schwarzrot vom Strauch zu fallen beginnen, sind sie perfekt.

Schon in der Steinzeit standen sie, Funden nach zu urteilen, am Speiseplan. Zum Ernten pflückt man entweder nur die dunkelsten Exemplare von den Zweigen oder legt ein feinmaschiges Netz unter den Strauch, um immer wieder die frisch abgefallenen Steinfrüchte auflesen zu können. Sie können zwar auch roh gegessen werden, sind aber relativ sauer. Der enthaltene Kern wird ausgespuckt.

Ob des intensiven, fruchtigen Aromas werden die Kornelkirschen (in Österreich auch Dirndln genannt) schon immer vielfältig weiterverarbeitet – zu Marmelade, Kompott, Likör, Saft oder, noch nicht ganz ausgereift, eingelegt als *falsche Oliven*. Als pektinreiche Frucht mischt sie sich gut mit säurearmem Obst, verleiht darüber hinaus allen Zubereitungen eine schöne dunkelrote Farbe und ein rundes Aroma.

MALVEN

Malva spec.

Malven sind beliebte Zier- und Heilpflanzen. Die Rosen- und Moschusmalven (*Malva alcea* und *moschata*) verzaubern mit ihren großen rosa Blüten und sorgen ganz von selbst für zahlreichen Nachwuchs. Sie wandern aus den Gärten auch immer mal wieder in die Natur, um offene Flächen zu besiedeln. Die Weg-Malve (*Malva neglecta*) oder auch Käsepappel genannt bzw. die Wilde Malve / Große Käsepappel (*Malva sylvestris*) sind ebenso wichtige Arten. Malven sind in allen Teilen essbar (roh und gekocht) – die Wurzeln, die jungen Blätter, frische Triebe, die Knospen, die Blüten, die Samen und vor allem die noch unreifen Fruchtstände. Sie enthalten besonders viele Schleimstoffe und machen ein angenehmes Gefühl im Mund. Reich an Eiweiß (ca. 40 %) und durchaus auch mit etwas Fett versehen (ca. 15 %) wurden sie in Notzeiten schon immer vielfältig genutzt – roh gegessen, eingelegt, als Gemüse verkocht oder zügig getrocknet und vermahlen. Das Käsepappelmehl dient zum Strecken von Breien (Papp), Brot und zum Eindicken von Suppen. Es wirkt besonders magenfreundlich und aufbauend und verbessert die Verträglichkeit von anderen Lebensmitteln. Die aromatischen Blätter können als Salat, als Spinat verwendet oder auch getrocknet und zu Pulver vermahlen zu einem wertvollen Laubmehl werden. Die ausgereiften Samen schmecken ebenso angenehm und können bis weit in den Winter hinein gefunden werden.

Käsepappel

Die kulinarischen Möglichkeiten für diese milde Pflanze sind fast unbegrenzt. Die in allen Teilen enthaltenen Schleimstoffe (vor allem in den unreifen Samen) sollte man bei Gerichten als eindickende Komponente berücksichtigen.

Innerhalb der Malvengewächse sollen hier noch die wunderschönen, hohen Stockrosen (*Alcea rosea*) und der mehrjährige Eibisch (*Althaea officinalis*) erwähnt werden. Typisch für Bauerngärten, sind sie nicht nur Zierde, sondern ebenso wie die Malven essbar.

Der Hibiskus (*Hibiscus spec.*) zählt ebenfalls zu dieser Familie, enthält aber je nach Art vermehrt Säure und wird von manchen Menschen weniger gut vertragen – ungiftig ist aber auch dieser in all seinen Teilen.

Schon als Kind habe ich die „Käselaibe" der Käsepappel ausgepackt und genossen. Wenn ich im Garten meiner Oma zu Besuch war, gehörte das einfach dazu. Damals haben wir viel aus Wiese und Wald genascht. Ob säuerlicher Waldsauerklee oder die Früchte des Hirtentäschels, unreife Haselnüsse oder Walderdbeeren – ich bin glücklicherweise mit kräuterkundigen Menschen und der nahrhaften Natur am Lande aufgewachsen.

Rezept

Malvenquiche

Ein Genuss, den man auf vielfältige Weise adaptieren oder abändern kann.

Zutaten

- 200 g Malvenblätter und/oder Spinat
- 1 Zwiebel
- 250 g Schlagobers (Schmand)
- 150 g geriebener Käse (z. B. Gouda)
- 4 Eier
- Bärlauchsalz und Pfeffer
- 2 EL Olivenöl
- 250 g Mehl
- 125 g kalte Butter
- 1 Ei
- Salz
- Etwas Butter und Mehl für die Form

Zubereitung

1. Die Zwiebel wird fein gehackt, die Malvenblätter gewaschen, trocken geschüttelt und klein geschnitten.
2. Nun wird die Zwiebel in etwas Öl angebraten und die Malvenblätter hinzugefügt und so lange gekocht, bis das Blattgrün zusammengefallen und die Flüssigkeit verdampft ist. Anschließend wird die Masse vom Herd genommen, bis sie überkühlt ist.
3. Als nächster Schritt wird die Quicheform mit weicher Butter ausgestrichen und bemehlt, der Herd auf 180 °C Ober- und Unterhitze vorgeheizt.
4. Mehl, Butter, Ei und 2 EL kaltes Wasser werden auf einem großen Brett rasch und ausdauernd miteinander verknetet.
5. Auf einer gut bemehlten Oberfläche wird der Teig nun kreisrund mit dem Nudelholz ausgerollt und vorsichtig in die Quicheform gehoben – er darf gerne etwas über den Rand hängen – überschüssiger Teig wird sonst abgeschnitten und auf dem Backblech separat als Knabberei mitgebacken. Wer keine solche Form zu Hause hat, kann sich mit einer normalen Springform oder einem anderen feuerfesten Gefäß behelfen.
6. In einer Schüssel werden nun Schlagobers, Eier, geriebener Käse, Salz, Pfeffer und abschließend die Malvenmasse miteinander verrührt und die Quiche damit gefüllt
7. Für ca. 45 Minuten wird sie im unteren/mittleren Bereich des Backofens goldbraun gebacken.

MISPEL

Mespilus germanica

Die Mispel verbindet Zierqualität mit Essbarkeit und ist als sehr spät reifendes Obst eine Bereicherung für jeden nahrhaften Garten. Im Mittelalter war sie noch eine häufig kultivierte Obstart, verschwand dann aber immer mehr. Mittlerweile erlebt der strauchförmige Baum zum Glück wieder eine Renaissance.

Die kleinen Früchte sind zunächst noch sehr hart und herb, erst nach den ersten Frösten (oder längerer Lagerung) werden sie süß und schmackhaft. Das weiße Fruchtfleisch wird dann braun und weich, was in diesem Fall nicht auf Verderb, sondern auf Reife hinweist. Erntezeit ist in der Regel Ende Oktober bis Anfang November.

Die Früchte können roh gegessen werden – entweder *zutzelt* man das weiche Fruchtfleisch aus der Schale, löffelt die aufgeschnittene Frucht oder schält mit den Fingern die Schale ab, um die Frucht essen zu können. Die Kerne werden in allen Fällen entfernt oder ausgespuckt.

Durch die sehr weiche Konsistenz lassen sich Mispeln hervorragend zu Marmelade verarbeiten – dazu werden sie einfach durch die Flotte Lotte oder ein Sieb gestrichen und mit der gleichen Menge Zucker und etwas Apfelsaft und/oder Alkohol zu Marmelade eingekocht. Das Mus kann auch getrocknet und zu Mehl vermahlen werden. Es kann auf diese Weise zum Beispiel für Früchtebrot oder zum Strecken von Gebäck Verwendung finden.

NACHTKERZE

Oenothera biennis

Sie wurde aus Nordamerika als Zierpflanze eingeführt, aber bald als Speisepflanzegenutzt. Die daumendicken, weiß-rosa Pfahlwurzeln sind ebenso wie der Rest der Pflanze essbar. Mit mehreren Unterarten findet man die Gemeine Nachtkerze mittlerweile auch ausgewildert. Für die Tierwelt durchaus vorteilhaft, wird dieser Neophyt aber selten bekämpft und findet vor allem an trockenen Standorten, auf Ruderalflächen oder entlang von Straßen und Bahndämmen seinen Platz – noch besser – im eigenen Garten oder auf dem Balkon.

Die nahrhaften Wurzeln werden im ersten Vegetationsjahr der zweijährigen Pflanze geerntet – im späten Herbst bis zum zeitigen Frühjahr. Eine typische Blattrosette zeigt den Standort an. Aufgrund enthaltener Kalium-Oxalatkristalle kann es im Mund- und Rachenraum zu einem unangenehmen rau-scharfen Gefühl kommen. Dies dürfte durch Mikroverletzungen der Schleimhaut herbeigeführt werden, was jedoch keine gesundheitsschädigende Wirkung haben sollte. Je nach Standort und Nachtkerzenart kann dies als angenehm pfeffrig oder äußerst unangenehm erlebt werden. Einlegen in Essig oder langes Kochen in Wasser oder Milch ändert aus meiner Erfahrung nicht viel an dieser Eigenart. Werden Nachtkerzenwurzeln gemeinsam mit Milchprodukten gegessen, kann dieser Effekt abgemildert werden bzw. sind sie als klein geschnittenes Mischgemüse oder in Eintöpfen durchaus angenehm würzig. Der Beiname *Schinkenwurzel* bezieht sich übrigens auf die Nahrhaftigkeit und Farbe (rosa-weiß).

Sobald die Blätter aus der Rosette in die Höhe zu wachsen beginnen, werden die Wurzeln zunehmend zäh und holzig. Dafür kann man sich dann bei den Blättern bedienen bzw. etwas später an den äußerst schmackhaften Knospen, Blüten und nachfolgenden jungen Samenkapseln gütlich tun. Die wunderschöne und unermüdlich blühende Pflanze öffnet ab Mitte Juni stets nur zur Abenddämmerung ihre gelben Blüten. Sie erfreuen bis zum nächsten Mittag das Auge, bevor sie langsam verwelken. Alle Pflanzenteile können roh wie auch gekocht verzehrt werden. Die Samen werden vorsichtig aus den trockenen, nach oben hin geöffneten Kapseln geleert, indem sie kopfüber über eine Schüssel gehalten werden. Nachdem man die kleinen Samen von eventuellen Verunreinigungen gesäubert hat, werden sie vor dem Essen angemörsert – sie sind äußert reich an Gamma-Linolensäure, die vor allem für die Haut und die Nerven wichtig ist. Auch diese Samen lassen sich bis in den Winter hinein finden und ernten.

Nachtkerzenblüte

Nachtkerzensamenstände

Rezept

Panierte Nachtkerzenwurzeln

für 1 Person

Funktioniert auch wunderbar mit Pilzen, Löwenzahn oder Klettenwurzeln – paniert schmeckt (fast) alles gut.

Zutaten

- 2 große Nachtkerzenwurzeln
- etwas Milch
- 1 Ei
- 2 EL Mehl
- 3 EL Semmelbrösel
- Salz, Pfeffer, Paprika, gepresster Knoblauch, gemahlener Wacholder
- Öl

Zubereitung

1. Die Wurzeln der jungen Nachtkerzen werden gereinigt und geschält und etwa 10 Minuten in etwas Milch oder Wasser gekocht.
2. Die Gewürze werden miteinander vermischt und die Wurzeln damit eingerieben.
3. Drei Teller werden zum Panieren vorbereitet – einer mit Mehl, einer mit verquirltem, leicht gesalzenem Ei und der letzte Teller mit den Semmelbröseln.
4. Nachdem die Wurzelstücke nacheinander ummantelt wurden, schließt man nochmals mit einer Panade aus Ei und abschließenden Semmelbrösel.
5. Die Wurzeln werden bei mittlerer Hitze in einer beschichteten Pfanne und ausreichend Öl goldbraun ausgebacken. Dazu passt ein Kräuterdip mit Joghurt, Sauerrahm und Mayonnaise.

Wissenswertes

Die Panade kann kreativ umgestaltet werden – statt Semmelbröseln zu nehmen, kann man auch altes Brot oder Laugengebäck zermahlen. Verschiedenstes Knabbergebäck, Nüsse, geriebener Käse wie auch Wildsamen von Brennnessel, Wegerich und Co eignen sich ebenso. Das Ei kann durch andere Flüssigkeiten oder feuchte Lebensmittel ersetzt werden – zum Beispiel Milch, Joghurt, Senf ...

PIMPERNUSS

Staphylea pinnata

Nur noch gebietsweise häufig vorkommend und in Deutschland bereits als gefährdete Art geltend, sollte dieser faszinierende Strauch wieder viel mehr ins Blickfeld und vor allem in Gärten und Parkanlagen geholt werden. Verwechslungsgefahr besteht mit der leicht giftigen, gelb blühenden Blasenesche (*Koelreuteria paniculata*), deren wechselständige Laubblätter aber tief gesägt und nicht so wie bei der Pimpernuss gegenständig und ganz glatt sind.

Die wunderschönen, weißen, rispig hängenden Blütenstände der Pimpernuss erscheinen ab Mai und sind essbar – roh wie auch gekocht, eingelegt oder fermentiert.

Ab Juni beginnen sich in den häutig aufgeblasenen Kapselfrüchten Samen zu bilden, die zu diesem Zeitpunkt – in noch unreifem Zustand – wunderbar gegessen werden können.

Ab August/September fallen sie von den Sträuchern und man hört beim Schütteln im Inneren ein Klappern (Pimpern). Die Samen haben allerdings in ausgereiften Zustand eine sehr, sehr harte Schale und müssen vor dem Verzehr geknackt werden – am besten (wenn auch umständlich und mühsam) mit einem Hammer. Der Geschmack des ölreichen Inneren ist von den rohen wie gerösteten Samen sehr angenehm und rund. Man spart sich allerdings wirklich viel Arbeit und Zeit, wenn man auf die unreifen Samen zurückgreift und diese isst oder zwecks Bevorratung einlegt. Die Kolchische Pimpernuss (*Staphylea colchica*), die vermehrt als Zierstrauch auftritt, kann ebenso verwendet werden.

QUITTE

Cydonia oblonga

Quitten können ab Oktober – sobald sie von grün in ein sattes Gelb übergegangen sind – geerntet werden. Man unterscheidet im Groben die apfelförmigen Apfelquitten und die milderen birnenförmigen Birnenquitten. Alle Quittenarten sind in der Regel essbar, aber äußerst herb, sauer und auch hart und entfalten ihre Vorzüge erst mit dem geduldigen Kochen. Dafür muss je nach Rezept die ganze Frucht geschält oder nur der bittere Flaum mit einem Geschirrtuch oder Ähnlichem von den duftenden Früchten gerieben werden. Ohne das Kerngehäuse mit den stark blausäurehaltigen Samen kann dann die aromatische Frucht klassisch zu Quittenkäse, Gelee, Saft, Marmelade oder auch pikant verkocht werden.

Sie ist bedeutend weniger süß (und damit weniger energiereich) als Apfel oder Birne, enthält aber vor allem in der Schale besonders viel Pektin, das als Gelierhilfe dient. Beim Zerkleinern braucht es ob der harten Früchte etwas Muskelkraft und ein scharfes, großes Messer. Braune Stellen innerhalb der Frucht sind grundsätzlich kein Zeichen von Verderb, erst wenn auf der Schale braune, weiche Stellen entstehen, sollte man die Früchte nicht mehr weiterverarbeiten.

Die wunderschön rot blühenden Zierquitten (*Chaenomeles spec.*) sind mit ihren bedeutend kleineren Früchten ebenso verwendbar und lassen sich in vielen Parkanlagen finden.

SONNENBLUME

Helianthus anuus

Eine wohlbekannte Zierpflanze, die in allen Teilen ungiftig ist und mit ihren energiereichen Kernen (ca. 570 kcal/100 g) in diesen Aufzählungen keinesfalls fehlen darf. Ob im Garten angepflanzt oder als zufällig herangewachsener Kern aus der Vogelfütterung – ab September ist Erntezeit, etwa 30–45 Tage nach der Blüte. Den richtigen Zeitpunkt erkennt man daran, dass alle Kerne schwarz geworden sind und sich leicht vom Blütenteller lösen lassen. Dieser ist bereits eingetrocknet und auf der Rückseite dunkelbraun. Die gelben Blütenblätter sind zu dem Zeitpunkt schon verschwunden.

Sind die Samen gut trocken, können sie mitsamt der Schale im Haus bis zu einem Jahr an einem kühlen, dunklen und trockenen Ort gelagert werden. Sobald man sie öffnet, sollten sie alsbald verbraucht werden. Das Auspacken ist eine etwas knifflige Arbeit – händisch sehr arbeitsintensiv. Man kann sie leider nicht auf eine Oberfläche legen und niederdrücken – sie müssen sich seitlich öffnen. Dafür drückt man sie am besten zwischen den Fingern kräftig zusammen und hebt die zwei *Deckel* mit den Fingernägeln ab – spätestens nach dem vierten Sonnenblumenkern hat man den Dreh in der Regel raus. Industriell ist dies natürlich viel einfacher zu bewerkstelligen – hier kommt ein Fliehkraftschäler zum Einsatz. Geschälte wie auch ungeschälte Sonnenblumenkerne können zur Sprossenzucht herangezogen werden – damit holt man sich auch im Winter wertvolle Vitalstoffe ins Haus.

Rezept

Pesto mit Sonnenblumenkernen

für 4 Personen

Schmackhaft – nicht nur für Nudelgerichte, denn Pesto passt auch gut auf frisches Brot. Fügt man den geriebenen Parmesan immer erst kurz vor dem Verzehr hinzu bzw. lässt ihn ganz weg, kann das Pesto in Schraubgläsern mit 1 cm Öl bedeckt mehrere Wochen an einem kühlen Ort gelagert werden.

Zutaten

- 40 g geschälte Sonnenblumenkerne
- 1 große Handvoll Wiesenkräuter (Giersch, Schafgarbe, Vogelmiere, Labkraut, Brennnessel, Bärlauch ...)
- ca. 150 ml Olivenöl
- 30 g geriebener Parmesan bzw. harter Käse
- 1 Knoblauchzehe oder etwas Bärlauch
- Salz, Pfeffer

Zubereitung

1. Die geschälten Sonnenblumenkerne werden trocken in einer beschichteten Pfanne bei wenig Hitze goldbraun angeröstet (bis sie angenehm zu duften beginnen).
2. Die Kräuter werden gewaschen, gut trocken geschüttelt, mit einem Geschirrtuch trocken getupft und klein geschnitten.
3. Die Knoblauchzehe wird fein gehackt.
4. Alle Zutaten werden püriert. Die gewünschte Konsistenz kann durch die Zugabe von Olivenöl reguliert werden. Steht kein Mixer oder Pürierstab zur Verfügung, kann ein Pesto in kleinen Portionen auch in einem Steinmörser hergestellt werden – dafür werden die Zutaten bereits im Vorfeld kleinstmöglich geschnitten oder gehackt.

Sonnenblumensprossen

Sofern man bereits geschälte Sonnenblumenkerne zur Verfügung hat, entsteht durch etwas Wasser und Wärme eine delikate Köstlichkeit. Aufgrund der zahlreichen Vitalstoffe und des angenehmen Geschmacks werden die Sprossen in der Regel nur roh gegessen.

Rezept

Zubereitung

1. Die geschälten Sonnenblumenkerne (selbst geerntet oder Bioware) werden gewaschen und für 8–12 Stunden in Wasser eingelegt.
2. Als nächster Schritt werden sie in einem Sieb gut gespült und dann in ein Keimgerät oder Keimglas gegeben. Es ist aber auch möglich sie nach gutem Abtropfen in ein normales Schraubglas zu leeren und im späteren Verlauf immer wieder mit einem kleinen Sieb zu arbeiten.
3. Das Wichtigste ist das regelmäßige Spülen der Sprosse – mindestens 2 Mal täglich (im Sommer häufiger, um einen Verderb zu verhindern). Bei einem Keimgerät fließt überschüssiges Wasser von alleine in die untere Etage, Keimgläser werden schräg gestürzt und so kann auch hier ein Zuviel an Wasser durch den Gitterdeckel in eine Abtropftasse fließen. Die dünnhäutigen Schalenhüllen lösen sich frühzeitig, das ist ganz normal – sie können herausgefischt werden, aber auch bedenkenlos bei den Sprossen bleiben – sie sind beim Essen nicht störend.
4. Fasziniert darf man nun beobachten, wie die Samen auseinanderklappen und sich aus den beiden Hälften die Keimblätter und am unteren Ende eine Wurzel bildet. Nach ca. 2 Tagen sind die Sprossen fertig, werden nochmals durchgespült, gut abtropfen gelassen und dann kühl und dunkel zum alsbaldigen Verzehr gelagert.

Rezept

Sonnenblumengrünkraut

Da das Öffnen der Sonnenblumenkerne doch eine ziemlich mühsame Angelegenheit ist, kann man sich mit diesem Trick behelfen – vitalstoffreiche Kost für die Winterzeit.

Zubereitung

1. Die Sonnenblumenkerne werden entweder in eine erdgefüllte Schale gelegt und 1–2 cm mit Erde bedeckt, doch funktioniert das Ankeimen auch sehr gut auf Watte. Dafür legt man ein flaches Gefäß mit einer Schicht Watte aus, befeuchtet sie – legt die Sonnenblumenkerne dicht nebeneinander darauf und deckt alles mit einer dünnen Lage Watte ab.
2. Ein gewisser Druck von oben ist wichtig, damit die kleinen Sonnenblumen gut anwurzeln und in die Höhe wachsen können. Im Übrigen keimen sie in der Dunkelheit der Erde oder der Watteschicht schneller, als wenn sie an der Oberfläche liegen würden.
3. Nun ist es wichtig die Sonnenblumenkerne bei Zimmertemperatur immer gut feucht zu halten.
4. Sobald sich bei der Watte *Dellen* bilden und die Keimlinge zu schieben beginnen, entfernt man die obere Schicht. In den meisten Fällen fallen die Samenschalen irgendwann von alleine ab, bzw. hilft man vor der Ernte etwas nach.
5. Gegessen werden die zwei Keimblätter mitsamt dem Stängel roh in Salaten oder als Topping – vom Geschmack erinnert das Grünkraut etwas an gekochte Topinambur bzw. Karottengrün, ist saftig und mild.

Wissenswertes

Möchte man zur Anzucht von Grünkraut – *Microgreens* Erde verwenden empfiehlt es sich, diese vorher zu sterilisieren. Dazu wird die Erde gut befeuchtet, auf ein Backblech aufgestreut, bei 200 °C Ober- und Unterhitze für 30 Minuten erhitzt und damit keimfrei gemacht. Dies funktioniert in einer Plastikschale auch in der Mikrowelle – auf höchster Stufe für 10 Minuten. Vor der Verwendung muss die Erde vollständig ausgekühlt sein.

STEINOBSTGEWÄCHSE

Amygdaleae

Ob ihrer frühen und wunderschönen Blüte sind Steinobstgewächse (Gattung *Prunus*) auch erstklassige Zierpflanzen, die man daher immer wieder in Parkanlagen antrifft. Die Schlehe wurde ja bereits thematisiert – doch gibt es noch viele weiter essbare Vertreter. Die Kerne von Prunusarten enthalten jedoch in der Regel giftige cyanogene Glykoside, weshalb die Früchte immer entsteint und die Kerne nie gegessen werden sollten. Mit dem Fokus auf die Nahrhaftigkeit gesehen, sind vor allem die zuckerreichen Früchte, die roh gegessen, gedörrt, ein- oder verkocht werden können, relevant.

Wichtige und essbare Vertreter in Gärten, Parkanlagen und auf Streuobstwiesen sind:

- Marille / Aprikose (*Prunus armeniaca)*
- Kirschpflaume (*Prunus cerasifera*) – mit der rotlaubigen Sorte Blut-Pflaume (*Prunus cerasifera* ‚Nigra')
- Pflaume (*Prunus domestica*) – mit mehreren Unterarten wie den Zwetschken, Kriechen-Pflaumen, Mirabellen und Ringlotten
- Traubenkirsche (*Prunus padus*) – das herbe Fruchtfleisch wird vorzugsweise gekocht
- Vogelkirsche / Süßkirsche (*Prunus avium*)
- Weichsel / Sauerkirsche (*Prunus cerasus*)
- Pfirsich (*Prunus persica*) – mit der Unterart Nektarine

Rezept

Flüssighefe

Hefe ist neben Sauerteig und Backpulver ein unverzichtbares Backtriebmittel – perfekt, wenn man es selber herstellen kann. Darüber hinaus gibt die Wahl des Obstes das jeweilige Aroma auf angenehme Weise an das Gebäck weiter.

Zutaten

- ½ l chlorfreies Wasser
- 100–150 g Trockenfrüchte (Marillen, Zwetschken, Kirschen ...)
- 20 g Zucker, Honig oder Birken-/Ahornsirup

Zubereitung

1. In ein sauberes Schraubglas werden zunächst Wasser und Zucker gegeben und gut verrührt, bis sich das Süßungsmittel aufgelöst hat.

2. Nun werden die Trockenfrüchte beigegeben – es ist wichtig, dass sie ungeschwefelt, ungewaschen und in Bioqualität sind, da die Wildhefe auf der Schale der Früchte sitzt. Je nach Verfügbarkeit können hier alle möglichen Arten von Trockenfrüchten verwendet werden – auch mit frischem Obst bzw. Obstresten ist der Ansatz möglich.
3. Das Gemisch wird nun mit einem Geschirrtuch oder Ähnlichem abgedeckt (gegen Mücken) – Sauerstoff kann hinein und sich entwickelnde Gärgase hinaus. Der Hefeansatz steht am besten nicht in der direkten Sonne und entwickelt sich bei Zimmertemperatur.
4. Täglich wird nun ein bis zwei Mal geschwenkt/geschüttelt (ev. dafür kurz einen Schraubverschluss verwenden) bzw. umgerührt.

5. Manchmal quellen die Trockenfrüchte so auf, dass nochmals eine Zugabe von Wasser nötig ist – so viel, bis die Früchte wieder gut mit Flüssigkeit bedeckt sind. Für die arbeitenden Hefebakterien gibt man nochmals einen Teelöffel Zucker hinzu.
6. Nach ca. 72 Stunden beginnen Bläschen aufzusteigen und die Gärung ist deutlich sicht- und riechbar. Wenn sich an der Oberfläche ein weißer Schaum bildet, ist dies kein Schimmel, sondern die Kammhefe.
7. Nach etwa 3–7 Tagen ist die Hefe einsatzbereit (sobald keine Bläschen mehr aufsteigen). Die leicht dickflüssige bis sirupartige Hefe wird mitsamt den Früchten nun mittels des Schraubdeckels verschlossen und kühl gestellt.
8. Möchte man nun backen, ersetzt man die angegebene Flüssigkeit durch die Hefe – man rechnet für 500 g Mehl 200–100 ml Flüssighefe. Der erste Ansatz ist oft noch etwas triebschwach, nach der dritten *Hefefütterung* reichen die 100 ml. Wichtig bei der Flüssighefe ist viel Zeit bei der Teigverarbeitung – anders als bei käuflicher Turbohefe braucht es hier mindestens doppelt so lange. Die Herstellung eines Vorteigs (100 g Mehl + 100 g Flüssighefe), der mehrere Stunden steht, ist von Vorteil. Das Gebäck erhält durch die Flüssighefe – je nach Obst – übrigens eine dunklere Farbe.
9. Nach dem Backen beginnt je nach Bedarf wieder die Fütterung des Hefeansatzes, der auf die anfänglichen 500 ml aufgegossen wird. Bei Zimmertemperatur, Sauerstoff und Zuckerzugabe sowie dem täglichen Schwenken ist diesmal schon nach 24–48 Stunden der neue Ansatz fertig (sofern über 100 ml vom ersten Ansatz übriggeblieben sind – sonst dauert es länger). Die Früchte können für drei solche Ansätze verwendet werden, dann ersetzt man sie durch neue.
10. Benötigt man längere Zeit keine Hefe, wird der Ansatz durch ein Sieb gegossen und die Früchte werden entfernt. Die Flüssighefe hält auf diese Weise (kühl und verschlossen gelagert) bis zu 10 Wochen. Sie kann jederzeit mit frischem Trockenobst und Zucker reaktiviert werden.

TAGLILIE

Hemerocallis spec.

Gelbrote Taglilie

Gewusst, dass eine der schönsten Zierpflanzen gleichzeitig ein ungemein delikates Gemüse ist? Essbar in allen Teilen sollte sie in keinem Park und keinem Blumengarten fehlen. Taglilien aus der Familie der Grasbaumgewächse sind mehrjährig und können durch Teilung des Wurzelstockes leicht vermehrt werden. Sie lieben sonnige Standorte ohne Staunässe. Am bekanntesten ist die Gelbrote Sorte *Hemerocallis fulva*. Von Herbst bis in den Frühling können die fingerdicken Rhizome geerntet und wie Kartoffeln zubereitet werden. Sie müssen nicht geschält werden – es reicht die Wurzeln mit einer Handbürste gründlich unter Wasser zu reinigen. Der Geschmack ist angenehm mild. Da eine Überdosierung möglich ist (Durchfall), sollte man sich bei der Menge langsam herantasten.

Die schon im Vorfrühling austreibenden Sprosse sind ein ebenso schmackhaftes Gemüse, roh wie gekocht. Von Mai bis August sind es die Blätter, Knospen und Blüten, die den Speiseplan bereichern können. Für Katzen ist die Taglilie stark giftig, für uns Menschen ist nur eine Verwechslung mit Liliengewächsen (*Liliaceae*) bedenklich – deren Blätter entspringen aber immer dem Blütenstiel. Die Blütenstängel der Taglilie sind unbeblättert und das aus dem Grund wachsende Laub schilfartig, überhängend.

Lilie, giftig

Rezept

Hühnchen Chop-Suey

für 4 Personen

Ein Gericht mit zahlreichen Variationsmöglichkeiten. Das beschriebene Gemüse kann durch alles ersetzt werden, was man gerade an Essbarem in der Natur findet. Das Fleisch kann weggelassen oder stattdessen Tofu verwendet werden.

Zutaten

- 4 EL Sojasauce
- 2 TL Zucker oder Honig
- 500 g Hühnerbrustfilet
- 3 EL Öl
- 2 Zwiebeln
- 2 Knoblauchzehen
- 350 g Sprossen (Soja, Buche ...) und/oder Hopfentriebe
- 2 Karotten
- 1 Handvoll Pilze (Judasohren, Austernseitlinge ...)
- 1 Handvoll Taglilienknospen, -blüten und/oder -blätter
- 700 ml Wasser
- 2 EL Speisestärke
- (Parasol)salz, Pfeffer, Sojasauce

Zubereitung

1. Sojasauce, Öl und Zucker werden gut miteinander verrührt und mit dem klein geschnittenen Fleisch vermengt. An einem kühlen Ort soll es ca. 30 Minuten ziehen.
2. Zwiebeln werden geschält und in dünne Spalten geschnitten, der Knoblauch geschält und fein gehackt, das Gemüse und die Pilze je nach Art gereinigt und in mundgerechte Stücke zerkleinert.
3. In wenig Öl wird zunächst das Fleisch bei hoher Temperatur in einer beschichteten Wok-Pfanne goldbraun angeröstet und dann die Zwiebeln zugefügt. Sind auch diese leicht angebraten, wird das Gericht kräftig mit (Parasol)salz und Pfeffer gewürzt.

4. Nacheinander werden nun die verschiedenen Pilze und/oder Gemüsearten je nach Garpunkt zugegeben und kräftig weitergeröstet. Die Taglilienknospen kommen erst zum Schluss dazu.
5. Nun wird das Gericht mit Wasser und etwas Sojasauce (je nach Geschmack) aufgegossen und aufgekocht.
6. Die Speisestärke wird in 6 EL Wasser glatt gerührt und der kochenden Sauce beigemischt. Falls die Konsistenz zu dickflüssig ist, gibt man einfach noch etwas Wasser hinzu, bzw. kann man mit einem neuerlichen Stärke-Wasser-Gemisch noch weiter eindicken. Am besten passt dazu Basmatireis.

Wissenswertes

Taglilien gelten als insektenfreundlich, was ich aus meinen Gartenbeobachtungen durchaus bestätigen kann. Allgemein sollte man bei allen Blütenpflanzen auf ungefüllte Blüten setzen, da diese für viele Nützlinge Nektar und Pollen bereithalten.

TOPINAMBUR

Helianthus tuberosus

Die schmackhaften Knollen haben mittlerweile in den Gemüseregalen der Kaufhäuser Einzug gehalten. Es handelt sich hier um eine wunderbare, pflegeleichte Zierpflanze. Mit der Sonnenblume oder der weniger bekannten Yacòn verwandt, hat sie ebenso strahlend gelbe Blüten – jedoch etwas kleinere als die große Sonnenschwester. Topinamburknollen sind mit etwa 30 kcal/100 g wenig energiereich, sättigen aber gut. Wurde eine Knolle im Frühjahr gesetzt, zeigt sie alsbald ihre schnellwüchsige Eigenschaft. Je humoser und tiefgründiger der Boden, desto üppiger gedeiht sie. Topinambur kommt aber auch mit Trockenheit gut zurecht und kämpft sich ebenso auf schlechten Böden in die Höhe. Da sie sehr hoch werden kann (bis zu 3 Meter), kann etwas zum Anlehnen recht hilfreich sein (Zaun, Holzpflock …). Das alles macht sie zu einem durchsetzungsstarken Neophyten, den man nur kontrolliert im Garten oder auf einem Acker ansetzen sollte.

Die bekannten Knollen der Topinambur können von November bis März geerntet werden. Möchte man bei gefrorenem Boden ernten können, empfiehlt es sich den Bereich über den Knollen mit einer Stroh- oder Laubschicht zu bedecken. Einmal ausgegraben sollten sie zügig verarbeitet werden – sie halten sich an einem luftfeuchten, frostfreien Ort nur wenige Wochen. Verbleiben Knollen in der Erde, vermehrt sie sich weiter, um jedes Jahr wieder neu auszutreiben.

Die Topinamburknolle kann roh und gekocht gegessen werden, ist sehr schmackhaft, erzeugt aber bei vielen Menschen anfänglich Blähungen und Durchfall. Der Ballaststoff Inulin fördert zwar die Darmflora auf positive Art und Weise, bedarf aber einer gewissen Gewöhnung. In Kombination mit anderen Lebensmitteln ist die Topinambur manchmal besser verträglich und kann dann weitgehend auch als Kartoffelersatz verwendet werden.

WALNUSS

Juglans regia

Die Königin in punkto Nahrhaftigkeit. Mit etwa 650 kcal/100 g und einem Fettgehalt von über 60 % bringt sie richtig viel Energie. Walnüsse kann man glücklicherweise nicht überdosieren und mit vielen Vitaminen und Mineralstoffen sind sie auch der Gesundheit dienlich. Von den Römern nach Mitteleuropa gebracht, kommt die Walnuss zunehmend auch in der Natur vor, ist aber vor allem in Gärten und Parkanlagen zu finden. Lebt man in einer klimatisch ungünstigen Region, empfiehlt es sich auf Züchtungen zurückzugreifen, die später austreiben und so für Spätfröste unempfindlich sind. Auch bezüglich des passenden Standorts kann man sich in den örtlichen Baumschulen und Gärtnereien beraten lassen.

Die Walnuss reift zunächst in einer grünen Schale heran, die ab Oktober aufreißt, sich nach dem Abfall der Frucht schnell zersetzt und die wohlbekannte Walnuss freigibt. Ab diesem Zeitpunkt liest man die Nüsse vom Boden auf und trocknet sie in einer flachen Kiste oder Ähnlichem an einem warmen Ort für einige Tage. Erstaunlicherweise können die so behandelten Walnüsse mehrere Jahre unbeschadet in ihrer Schale überdauern. Sie werden an einem trockenen Platz bei Zimmertemperatur (oder darunter) gelagert. Sobald man sie öffnet, halten die Kerne zwar noch immer relativ lange, können aber bedeutend schneller ranzig werden, als wenn sie in der Schale auf ihren Einsatz warten. Mit einem Nussknacker lassen sie sich einfach öffnen – schmecken kurz nach der Ernte oft noch etwas herb, werden aber mit der Zeit immer milder.

» VIDEO
Walnuss

Rezept

Früchtebrot

für 2 Laibe

Gehaltvolle Köstlichkeit!

Zutaten

- ½ kg Äpfel
- 100 g Zucker
- 50 g getrocknete Pflaumen
- ½ Pkg. Zelten- oder Lebkuchengewürz
- 100 g Walnüsse
- 200 g Weizenmehl
- 50 g Roggenmehl
- ½ Pkg. Backpulver
- Saft einer ½ Orange

Zubereitung

1. Die Äpfel werden geschält, das Kerngehäuse entfernt, die Stücke gerieben und mit Zucker und Orangensaft vermischt. Dieser Ansatz wird für mindestens 1 Stunde stehen gelassen.
2. Die Dörrzwetschken werden klein geschnitten, die ausgelösten Walnüsse grob gehackt.
3. Alle Zutaten werden in einer weiten Schüssel zu einem weichen Teig verarbeitet – bei sehr saftigen Äpfeln kann es nötig sein, noch etwas Mehl zuzugeben.
4. Zum Formen der klebrigen Laibe braucht man genügend Mehl auf den Händen sowie in der Schüssel, damit man alles als kompaktes Stück auf ein mit Backpapier ausgelegtes Backblech ablegen kann. Bei 160 °C (Ober-/Unterhitze) wird das Brot nun ca. 1 Stunde gebacken – es ist fertig, wenn die Oberfläche leicht zu bräunen beginnt.

Energiekugeln

für ca. 8–16 Bällchen (je nach Größe)

Der Name ist Programm! Trockenobst, Samen und Nüsse können bunt kombiniert werden.

Rezept

Zutaten

- 100 g Trockenobst (Apfel, Zwetschke, Birne, Heidelbeeren …)
- 50 g Haselnüsse
- 50 g Walnüsse
- Wildsamen nach Bedarf (Brennnessel, Wegerich, Springkraut, Franzosenkraut …)
- 1 ½ EL Honig

TIPP

Wenn der Honig zu fest geworden ist, kann man ihn mitsamt dem Glas im Wasserbad erwärmen – dadurch wird er wieder flüssig.

Zubereitung

1. Alle Zutaten werden klein geschnitten bzw. gehackt und mit Honig zu einer klebrigen Masse verrührt.
2. Es werden kleine Bällchen geformt, die je nach Vorliebe noch in Samen oder fein geriebenen Nüssen gewälzt werden.
3. Vor dem Essen sollten sie noch ca. 12 Stunden an einem kühlen Ort durchziehen können, sie sind dann (kühl und dunkel gelagert) etwa 1 Monat haltbar.

Pilzreich

Pilze waren und sind beim Thema Notnahrung unverzichtbar. Sie punkten vor allem mit ihrer Ergiebigkeit und einem hohen Anteil an Mineralstoffen und B-Vitaminen (wenngleich diese beim Kochen auch wieder deutlich reduziert werden). Mit durchschnittlich nur etwa 25 kcal/100 g sind sie zwar keine *Energiebomben*, enthalten aber nebst viel Wasser dennoch einiges an Eiweiß wie auch in geringen Mengen Kohlenhydrate und Fett. Am wichtigsten ist aber, dass sie satt machen und man sie auch in kargen Jahreszeiten wie Winter und Frühling findet.

Ihre Verwendung setzt jedoch eine gute Artenkenntnis voraus, sind doch auch viele Pilze tödlich giftig. Manche Arten wirken auch stark zeitverzögert toxisch und so sind Vorkostfantasien mit Haustieren keine wirkliche Option. Die giftigsten Vertreter des Pilzreichs finden sich unter den Lamellenpilzen – hier sollte man äußerst vorsichtig sein, – nie etwas auf gut Glück probieren, sondern sich in der Bestimmung hundertprozentig sicher sein. Ein gutes Pilzbestimmungsbuch, kompetente Begleitpersonen oder ausreichend Erfahrung sind Pflicht bei Sammeltätigkeiten im Wald.

Weiters ist bei Pilzen zu beachten, dass sie sehr schnell verderblich sind – man sollte nur einwandfreie, junge Exemplare ernten und diese nicht zu lange lagern. Die meisten Arten müssen auch gut gekocht werden, weil sie in rohem Zustand unter Umständen giftig sein können (zum Beispiel der Austernseitling oder die Rotkappe) – in der Regel reicht es, wenn man Pilze so lange dünstet, bis das austretende Wasser verkocht ist.

Trocknet man gereinigte und aufgeschnittene Pilze zügig bei ca. 40 °C, kann man sie in Schraubgläsern aufbewahrt wunderbar bevorraten. Den richtigen Trocknungsgrad erkennt man bei Pilzen daran, dass sie sich knackend auseinanderbrechen lassen. Zu Pulver verrieben sind sie ein guter Salzersatz, können aber auch mit Salz vermischt Speisen geschmacklich aufwerten.

Möchte man mit getrockneten Pilzen kochen, weicht man diese einige Stunden zuvor in lauwarmes Wasser ein. Sie bleiben immer etwas bissfester als eingefrorene Exemplare, was durchaus angenehmer ist, als matschig gewordenes Gefriergut. Der in vielen Pilzen enthaltene Anteil an unverdaulichem Chitin erfordert für die bessere Verträglichkeit stets ein gutes Kauen/Kleinschneiden.

Essbare Pilze gibt es in sehr großer Anzahl – hier soll eine kleine Auswahl sehr ergiebiger, wohlschmeckender Arten vorgestellt sein, die mitunter auch zu nahrungsärmeren Jahreszeiten wachsen.

Austernseitling

Pleurotus ostreatus

Lebt man in der Nähe von alten Laubwäldern, kann man im Winter durchaus Glück haben, auf diesen sehr ergiebigen und wohlschmeckenden Pilz zu stoßen. Vor allem ab Mitte November kann er gebietsweise sehr häufig sein. Grau bis graublau oder graubräunlich wachsen sie ganz unverwechselbar in großen Konsolen direkt aus dem Baumstamm von Buche und Co. Die weißen Lamellen an der Unterseite führen bis weit in den kurzen Stiel hinein. Verwechslungsgefahr besteht im Grunde nur mit dem ebenso ungiftigen, aber weniger schmackhaften Gelbstieligen Muschelseitling (*Panellus serotinus*). Dessen Fruchtkörper werden aber bedeutend kleiner, sind an der Oberseite olivgrün-grau und oft leicht schleimig. Die Lamellen laufen nicht in den kurzen, oft gelblichen Stiel hinein.

Der heimische Austernseitling (der einen Kältereiz zum Fruchten braucht) schmeckt bedeutend besser als im Geschäft angebotene Zuchtformen. Er kann überall da eingesetzt werden, wo auch Kalbfleisch passen würde, muss aber stets ausreichend gekocht werden, da er roh giftig ist. Die Stängel sind sehr zäh, daher lässt man sie lieber weg oder schneidet sie relativ klein. Alternativ zum Sammeln im Wald, kann man sich den Austernseitling auch als Pilzzucht in die eigene Wohnung oder den Garten holen. Diese sind zwar oftmals Lungenseitlinge (*Pleurotus pulmonarius*), aber ebenso delikat. Die hellbeige, cremeweiße Art kommt in unseren Wäldern im Sommer vor und wird daher auch Sommer-Austernseitling genannt.

FICHTENZAPFEN-RÜBLING

Strobilurus esculentus

» VIDEO Fichtenzapfenrübling

Dieses kleine Pilzchen spielt in den Aufzählungen deshalb eine wichtige Rolle, weil es in einer äußerst nährstoffarmen Jahreszeit – im Vorfrühling von Februar bis März oft massenhaft in Fichten(misch)wäldern erscheint (in Bergwäldern entsprechend später). Die dunkel- bis blassbraunen Rüblinge wachsen stets aus einem Fichtenzapfen heraus – dieser kann manchmal auch unter der Walderde liegen, ist aber immer vorhanden. Die Lamellen des Fichtenzapfenrüblings sind rein weiß und der Duft ist angenehm pilzig. Das wichtigste Bestimmungsmerkmal gegenüber dem ungenießbaren (aber nicht giftigen), nach Chlor riechenden Fichtenzapfenhelmling ist der Stiel. Dieser ist beim Fichtenzapfenrübling immer gelbbräunlich und elastisch und nicht grau und spröde.

Nach der Schneeschmelze oder feuchter Witterung können sie oftmals den ganzen Waldboden übersäen und lassen sich zum Ernten einfach mit den Fingern vom Boden knipsen. Wem es einfacher erscheint, der kann auch eine Schere verwenden. Die Hüte brauchen in der Regel nur noch kurz unter fließendem Wasser abgespült werden und können dann in alle möglichen Pilzgerichte wandern. Bei Lamellenpilzen wie dem Fichtenzapfenrübling muss man sich bei der Bestimmung immer hundertprozentig sicher sein. Der bedingt ähnliche Gift-Häubling (*Galerina marginata*) ist schon in kleinen Mengen tödlich giftig, wächst in der Regel aber nur von September bis November auf Totholz. Seine Lamellen sind nie rein weiß, sondern gelblich bist rostbräunlich.

Kartoffel-Pilz-Pfanne

Rezept

für 4–5 Personen

In diese Pfanne kann eigentlich alles Mögliche wandern – perfekt, um Reste oder Saisonales aus Garten und Wald kulinarisch zu verarbeiten.

Zutaten

- 1 kg Kartoffeln
- 2 Handvoll (oder mehr) Fichtenzapfenrüblinge bzw. andere Pilze
- 1 Bund Frühlingszwiebel oder 1 Zwiebel
- 250 g Speckwürfel/Wurstreste
- Salz (Kräuter- und Parasolsalz), Pfeffer

Zubereitung

1. Die Kartoffeln werden geschält und in Wasser gekocht, abgekühlt und in Scheiben geschnitten.
2. Die Frühlingszwiebeln werden gereinigt und in Ringe geschnitten, die Pilze unter fließendem Wasser kurz gereinigt und abgetropft.
3. Die Speck-/Wurstwürfel werden in einer beschichteten Pfanne angebraten, danach die Frühlingszwiebel und anschließend die Pilze zugefügt. Alles wird so lange bei mittlerer Hitze gebraten, bis das ganze Wasser der Pilze verdampft ist.
4. Die Kartoffeln werden beigefügt. Alles gesalzen und gepfeffert und nochmals gut durchgeröstet. Wird die Pfanne mit geriebenem Bergkäse überbacken oder gemischt, entsteht eine weitere delikate Variante.

EIERSCHWAMMERL

Cantharellus cibarius

Der in Deutschland auch als Pfifferling bekannte Pilz hat mehrere Vorteile, die ihn zu einem der beliebtesten Sammelobjekt in unseren Wäldern macht. Zum einen hat er in seiner Sammelzeit von Juni bis September keine tödlich giftigen Doppelgänger.

Der falsche Pfifferling (*Hygrophoropsis aurantiaca*) ist lediglich ungenießbar bzw. erst in größeren Mengen leicht giftig. Einige wenige falsch gesammelte Exemplare fallen in einem Pilzgericht mitunter nicht einmal auf. Die Farbe des falschen Pfifferlings geht eher in ein Orange, während ein normales Eierschwammerl ein schönes Gelb aufweist. Darüber hinaus wächst der falsche Doppelgänger immer auf oder bei morschem Holz.

Ein weiterer Vorteil des Eierschwammerls ist seine Häufigkeit, Ergiebigkeit und dass es selten von Insektenlarven befallen wird – in guten Pilzjahren lassen sich da Körbe über Körbe finden ... und ganz so schnell verderblich wie andere Pilzarten ist es auch nicht.

Falscher Pfifferling, leicht giftig

Fündig wird man vor allem in Fichten- und Buchenmischwäldern. Man säubert sie bereits im Wald (erdige Stielbasis abschneiden und grobe Verschmutzungen entfernen) und trägt sie in einem luftigen Korb nach Hause. Unter der Geschirrbrause lassen sie sich in einem Sieb sehr schnell säubern. Es ist natürlich ebenso möglich die Pfifferlinge mit einem Pinsel gut zu reinigen. Kleine, kompakte Pilze lassen sich wunderbar einlegen – größere werden lieber in Gerichten verkocht. Das Eierschwammerl lässt sich auch sehr gut trocknen – ohne nennenswerte Geschmacksveränderung können sie so für über ein Jahr bevorratet werden. Dafür werden sie nach dem Reinigen halbiert, auf ein Tablett mit Backpapier gelegt und möglichst zügig bei ca. 40 °C auf einer Wärmequelle oder im Backrohr/Dörrautomat getrocknet. Vor dem Verkochen werden sie mehrere Stunden in Wasser eingeweicht.

Rezept

Süß-sauer eingelegte Eierschwammerl

für ca. 4 Gläser

Die Herbstfülle einfangen.

Zutaten

- 1 kg kleine bis mittelgroße Eierschwammerl
- 500 g Zwiebel
- 5 Knoblauchzehen
- 250 g Zucker
- 1 EL Currypulver
- 1 EL Paprikapulver
- 2 EL Senfkörner
- 250 ml Essig
- 500 ml Wasser
- Salz

Zubereitung

1. Zunächst werden die Eierschwammerl gut gereinigt und 10 Minuten in Salzwasser gekocht und abgeseiht.
2. Die Zwiebel wird in Ringe geschnitten, der Knoblauch in feine Scheibchen, beides gemeinsam mit Essig, Wasser, Zucker und Gewürzen aufgekocht und 5 Minuten köcheln gelassen.
3. Der Sud wird abgeseiht, die Zwiebel-Knoblauch-Mischung mit den Pilzen vermengt und in zuvor ausgekochte Gläser gefüllt.
4. Die kochend-heiße Marinade wird über den Gläserinhalt bis knapp unter den Rand gefüllt und sofort mit den Schraubdeckeln fest verschlossen. Die süß-sauer eingelegten Eierschwammerl passen gut zur kalten Jause. Falls man nicht allzu viele gefunden hat, kann man einen Teil der Pilze auch durch Zucchinischeiben ersetzen.

JUDASOHR

Auricularia auricularia-judae

Dieser heimische Pilz punktet mit einem relativ hohen Eiweißwert und dem Umstand, dass er im Sommer wie im Winter gesammelt werden kann. Nach Regen- und Tauwetter empfiehlt es sich vor allem bei alten Holunderbüschen in feucht-schattigen Gebieten Ausschau zu halten. Durch die Feuchtigkeit quellen die Fruchtkörper auf und hängen dann wirklich wie dunkelbraune Ohrmuscheln in unterschiedlichsten Größen an den Ästen. Man tut gut daran sich die Sammelorte zu merken, weil der Pilz auf dem Gehölz wie auch in der Umgebung immer wieder zu finden ist. Man sammelt nur einwandfreie Exemplare und bricht sie einfach mit der Hand vorsichtig ab. Zuhause werden Rinden- und Moosstücke vom Ansatz entfernt und die Ohren gewaschen. Sie können klein geschnitten gleich direkt in ein Gericht wandern oder auch zügig getrocknet werden und einer späteren Verwendung harren. Das Judasohr kann aber auch roh gegessen werden – ebenso wie Champignon und Steinpilz.

Im Chinesischen ist das Judasohr auch als Mu Err Pilz bekannt und weniger wegen seines Geschmacks, der sehr neutral ist, sondern aufgrund seiner besonderen, knackigen Konsistenz beliebt. Im asiatischen Raum wird er durchaus auch in großen Mengen verzehrt. Bei uns zunehmend auch als gesundheitsfördernder Vitalpilz bekannt, darf das Judasohr bei der Einnahme von blutverdünnenden Medikamenten nicht gegessen werden. Da auch das Judasohr blutgerinnungshemmende Wirkstoffe enthält, würde es die Wirkung mitunter verstärken.

PARASOL

Macrolepiota procera

Vor allem in der Herbstzeit tritt der Riesenschirmling oft massenhaft auf – an Waldrändern, Böschungen und wenig gemähten Wiesen suchen sich die imposanten Fruchtkörper ihren Weg ans Licht. Berücksichtigt man seine stattliche Größe, seinen braunbeflockten Hut, den genatterten Stiel und den verschiebbaren Ring ist eigentlich eine Verwechslung mit giftigen Pilzen ausgeschlossen. Gesammelt werden nur Exemplare, die noch rein weiße Lamellen aufweisen und noch saftig und frisch wirken. Am besten schmeckt der kleine *Sonnenschirm* als paniertes Schnitzel in Butterschmalz herausgebacken. Mit 15 kcal/100 g ist er *natura* wenig energiereich, aber durchaus ergiebig, sättigend und eine der wenigen Vitamin-D-Quellen.

Legt man die Hüte mit den Lamellen nach oben nochmals in die Sonne, soll sich der Wert noch weiter erhöhen. Kann man eine Pilzernte nicht sofort verarbeiten, werden die Schirme in ein Glas mit wenig Wasser an einen kühlen und dunklen Ort gestellt – spätestens am nächsten Tag jedoch muss man dann an das Essen (nur in gekochtem Zustand) oder Haltbarmachen denken. Zum Einfrieren ist der Pilz nicht geeignet – er wird matschig und bitter. Am besten werden die Hüte wie auch die Stiele fein aufgeschnitten und zügig getrocknet. Um zusätzliches Vitamin D zu *sammeln*, trocknet man ihn vorzugsweise zwei Tage ca. 6 Stunden unter der direkten Sonne – ggf. mit Insektenschutz. Die Pilzstücke werden dann trocken und dunkel in einem Schraubglas aufbewahrt und bei Bedarf zu Pilzpulver verarbeitet. Dieses herrlich nussig schmeckende Pilzpulver kann Gerichten beigegeben werden – passt wunderbar in die asiatische Küche bzw. zu Kartoffelgerichten. Es kann zum Strecken von Salz gute Dienste leisten. Hier mischt man 2:1 mit dem gut durchgetrockneten, pulverisierten Parasol.

Rezept

Kartoffel-Parasol-Auflauf

für 4 Personen

In diesem Gericht schmeckt der Riesenschirmling saftig, herzhaft.

Zutaten

- 1,5 kg Kartoffeln
- 3 mittelgroße Parasole
- 200 g geriebener Käse
- 60 g Butter
- 60 g Mehl
- 1 l Milch
- 1 Ei
- Salz, Pfeffer, Suppenwürze, Muskatnuss
- Butter

Rezept

Zubereitung

1. Für die Béchamelsauce wird die Butter geschmolzen, das Mehl klümpchenfrei untergerührt und anschließend die Milch langsam mit dem Schneebesen eingerührt. Bei mittlerer Hitze und regelmäßigem Umrühren wird sie so lange erhitzt, bis die Sauce leicht einzudicken beginnt. Nun wird sie vom Herd genommen und kräftig gewürzt. Sobald sie etwas überkühlt ist, wird das Ei eingerührt.
2. Die Kartoffeln werden geschält, gewaschen und blättrig geschnitten. Die Parasole werden trocken mit einem Pinsel gereinigt, die Stiele entfernt und die Hüte in Streifen geschnitten.
3. Eine Auflaufform wird mit etwas Butter ausgefettet und die Kartoffeln abwechselnd mit den Parasolstücken in die Form geschlichtet, mit der Béchamelsauce übergossen und mit dem geriebenen Käse bestreut.
4. Im Backrohr wird der Auflauf bei 180 °C Ober-/Unterhitze ca. 1 Stunde goldbraun gebacken.

Wissenswertes

Pilze sind eine der wenigen nicht tierischen Vitamin-D-Quellen in der Natur – haben sie zuvor ein ausgiebiges Sonnenbad genossen, steigert sich der Wert zusätzlich. Das hitzestabile Vitamin kann über getrocknete Pilze auf diese Weise auch für den Winter ins Haus geholt werden. Pilze sind in der Küche darüber hinaus wertvolle Würze und Salzersatz. Da sie nicht nur Mineralstoffe, sondern auch Schwermetalle und Radioaktivität aufnehmen, ist beim Sammeln aber darauf zu achten, dass die Sammelorte möglichst unbelastet sind.

RÖHRLINGE

Boletales

Innerhalb der Ordnung der Dickröhrlingsartigen gibt es nur einen einzigen giftigen Vertreter – den in lichten Laubwäldern wachsenden und Kalkuntergrund liebenden Satanspilz. Dieser hat einen sehr hellen silbergrauen Hut, einen rot geäderten Stiel auf gelbem Grund und der Duft ist bei älteren Exemplaren unangenehm aasartig. So gesehen kann man verallgemeinern, dass alle Röhrlinge mit dunkler Kappe in gekochtem Zustand ungiftig sind. Ungenießbare, bittere Arten gibt es jedoch auch hier genügend in unseren Wäldern. Vor allem der sehr begehrte Steinpilz (*Boletus edulis*) wird öfter mit dem Gallenröhrling (*Tylopilus felleus*) verwechselt. Der Gallenröhrling weist am Stiel aber ein braunes, grobmaschiges Netz auf – der Steinpilz ein weißes und feinmaschiges. Die Röhrenmündungen beim Gallenröhrling sind zartrosa gefärbt und sonst gibt eine kleine Geschmacksprobe auch schnell einmal Gewissheit. Bei der Bestimmung spielt auch der Standort immer wieder eine bedeutende Rolle. So findet man Steinpilze vor allem

Steinpilz

Satansröhrling, giftig

» VIDEO
Rotfußröhrling

Gallenröhrling, ungenießbar

Rotkappe

bei Fichten, Buchen und Eichen, den Gallenröhrling jedoch häufiger auf sauren Böden in der Gesellschaft von Kiefern. Ein Bestimmungsbuch sollte aber ohnehin in keinem Haushalt fehlen – vergleicht man hier alle Merkmale ganz genau, sollte dem gefahrlosen Pilzsammeln nichts im Wege stehen. Viele Vergiftungen entstehen übrigens nicht durch die falsche Pilzart, sondern weil Pilze gegessen werden, die bereits ihre besten Zeiten hinter sich haben.

Zusammengedrängt in Plastiksackerln, nach Hause getragen und schon deutlich unansehnlich oder gar schimmelnd, werden sie immer noch verkocht. Daher sollte man Pilzsenioren immer im Wald stehen lassen.

Bei den Röhrlingen kann in vielen Fällen der Stiel mitgegessen werden (Steinpilz, Hexenröhrling, Rotkappe, Birkenpilz ...), die Röhren an der Hutunterseite werden, sobald sie weich und schwammig sind, entfernt – sind sie noch sehr jung und fest, belässt man sie.

Steinpilze aus dem Backrohr

für 2 Personen

Purer Genuss!

Zutaten

- 5 mittelgroße Steinpilze
- 2 Knoblauchzehen
- Butter, Salz, Pfeffer

Zubereitung

1. Der Boden einer kleinen Auflaufform wird mit Butter bestrichen.
2. Die Pilze werden gereinigt und in Scheiben geschnitten, fächerförmig übereinander in die Auflaufform geschichtet.
3. Das Gericht wird mit Salz und Pfeffer gewürzt, der Knoblauch ebenfalls in Scheibchen geschnitten und darauf verteilt, und zum Schluss werden nochmals einige Butterflocken aufgesetzt.
4. Die Pilze werden bei 180 °C Heißluft so lange im Backrohr gebacken, bis sie herrlich zusammengeschmort und bräunlich geworden sind. Am besten schmecken sie gemeinsam mit etwas frischem Hausbrot, mit dem man im Anschluss die Auflaufform wunderbar austunken kann.

SAMTFUSS-RÜBLING

Flammulina velutipes

Dieses kleine Pilzchen wird auch Winterrübling oder in der gezüchteten Form Enoki genannt und braucht einen Kältereiz von unter 0 °C, um Fruchtkörper auszubilden. Häufig findet man den Samtfußrübling an altem und abgestorbenem Laubholz – allen voran Weiden, Eschen, Pappeln, aber auch Buchen und Holunder. Nach frostigen Tagen und anschließender nass-kalter Witterung kann man so auch im tiefsten Winter Pilze sammeln gehen. Wichtige Erkennungsmerkmale sind der honiggelbe, oft leicht schleimige Hut, der stets ringlose Stiel, der von Cremeweiß in Orange und dann Schwarz übergeht und an der Stielbasis dunkel-samtig wirken kann. Der oft büschelig wachsende frostharte Rübling hat helle Lamellen, die rund um den Stiel einen Graben freilassen. Im fortgeschrittenen Winter ist es schwer ihn mit anderen Pilzen zu verwechseln, der Gift-Häubling (*Galerina marginata*) kann aber außerhalb seiner Saison durch Frostkonservierung in seltenen Fällen ebenso vorkommen.

Dieser wächst in der Regel jedoch auf Nadelholz wie Fichte und Kiefer und hat einen häutigen Ring. Seine Lamellen sind im Gegensatz zum Winterrübling am Stiel angewachsen und der Stiel selbst ist mit weißen Flocken besetzt. Drückt man beim Samtfußrübling den gummiartigen Stiel zusammen, kehrt dieser nach dem Loslassen wieder in seine Ausgangsform zurück – ebenso ein gutes Bestimmungsmerkmal. Der große Vorteil des Samtfußrüblings ist seine Häufigkeit und Ergiebigkeit – er zählt zu den ausgezeichneten Speisepilzen. Man kann junge Exemplare in gefrorenem Zustand ernten und vor dem Verkochen bei Zimmertemperatur auftauen lassen.

Pilz-Rührei

für 1 Person

Sättigend und immunsystemstärkend.

Rezept

Zutaten

- 1 TL Butter
- 1 Handvoll Samtfußrüblinge und andere Winterpilze
- 2 Eier
- Salz

Zubereitung

1. Die Stiele werden entfernt und die Kappen der Rüblinge gereinigt – dies funktioniert unter der Geschirrbrause sehr gut. Mit einem Stück Küchenrolle kann man verbliebene Unreinheiten abwischen.
2. Je nach Vorliebe werden die Pilze grob oder fein zerkleinert und in der Butter angedünstet, bis kein Wasser mehr austritt.
3. Danach werden die verquirlten und gesalzenen Eier darübergegossen und bei mittlerer Temperatur und mehrfachem Umrühren kurz mitgebraten. Mit Schwarzbrot genossen schmeckt dieses einfache Gericht ausgezeichnet.

SCHWEFELPORLING

Laetiporus sulphureus

Der Schwefelporling wächst von April bis September vor allem an Laubgehölz – häufig auf Pappel, Weide und Obstbäumen. Schwefelgelb bis orange leuchtet er oft schon von weitem und ist ein wirklicher Glücksfund. Gesammelt werden nur junge, saftig weiche Exemplare, die man vorsichtig vom Baum schneidet.

Mit seiner manchmal ganz schön imposanten Größe ist er sehr ergiebig und wird geschmacklich nicht zu Unrecht als *Hühnchen des Waldes* bezeichnet. Angebraten, paniert oder zu anderen Gerichten verkocht – einfach grandios – nur roh sollte er nicht gegessen werden.

Auf Porlingen, die an Eiben oder Robinien wachsen, sollte man verzichten, da der Pilz möglicherweise Giftstoffe des Baumes aufnimmt. Auf Eichen gewachsene Exemplare können mitunter etwas bitter sein. Wie bei allen Pilzen ist eine einwandfreie Bestimmung mittels Pilzführer unabdingbar.

Verwechslungsgefahr besteht mit dem hochgiftigen zimtfarbenen Weichporling, dessen Farbe aber, wie der Name sagt, eher braun, zimtfarben und nie so leuchtend gelb wie der Schwefelporling ist. Die eindrucksvollen, großen und stiellosen Fruchtgebilde des Hühnchen-Pilzes mit ihrer festen Konsistenz und ihren zitronengelben Poren an der Unterseite sind ebenso ein wichtiges Bestimmungsmerkmal.

Nahrhaftes – darüber hinaus

Es besteht eine große, fast unüberschaubare Zahl an weiteren essbaren Wildkräutern (Schafgarbe, Lungenkraut, Gundelrebe, Sauerklee, Schlüsselblume ...). Sie sind je nach Art aber wenig ergiebig, kalorienarm, gebietsweise selten und/oder mitunter auch mehr Heilpflanze als Nahrung und werden in der Regel nur in kleinen Mengen verzehrt. Sich hier ebenso zu vertiefen (die eigene Region zu erforschen) würde den Speisezettel aber noch um ein Vielfaches bunter machen und erweitern.

Auch bei den Zierpflanzen und Gartenkräutern gäbe es noch viele essbare Blüten und Blätter (Phlox, Ringelblume, Kapuzinerkresse, Borretsch ...) – manche sind aber nur einjährig und mehr Nascherei als handfeste Notnahrung.

Auf den folgenden Seiten werden noch einige nahrhafte, häufige bzw. recht bekannte Vertreter der Pflanzenwelt aufgezählt.

Name	Pflanzenteile	Zubereitung	weitere Info
Ährige Teufelskralle *Phyteuma spicatum*	junge Blätter, geschlossene Blüten, Wurzeln (Oktober bis Mai)	roh oder gekocht	
Aroniabeere *Aronia spec.*	Früchte (ab August)	vorzugsweise gekocht	
Berberitze *Berberis vulgaris*	Früchte (ab August)	roh oder gekocht, vitaminreiches Dörrobst	Abgesehen von den Früchten ist die Berberitze in allen Teilen leicht giftig!
Elsbeere *Sorbus torminalis*	Früchte (ab Oktober werden sie weich und schmecken birnenähnlich)	roh oder gekocht	
Fetthenne *Sedum telephium*	junge Blätter, Triebe, Wurzeln	roh oder gekocht	aufgrund enthaltener Alkaloide nur in kleinen Mengen
Funkien *Hosta spec.*	junge Blätter, Knospen, Blüten	roh oder gekocht	
Gänseblümchen *Bellis perennis*	Blätter, Knospen, Blüten	roh oder gekocht	
Gänsefingerkraut *Potentilla anserina*	junge Blätter, Wurzeln (Oktober bis März)	roh oder gekocht	
Hirtentäschel *Capsella bursa-pastoris*	junge Blätter, Blüten, unreife Samenstände (herzförmige Schötchen), ausgereifte Samen (ab Mai)	roh oder gekocht	

Name	Pflanzenteile	Zubereitung	weitere Info
Hohlzähne *Galeopsis spec.*	junge Pflanzen / Blätter, Samen	vorzugsweise gekocht (da sonst sehr bitter), gekeimt	
Kleine Wasserlinse *Lemna minor*	ganze Pflanze mitsamt der Wurzel	nur aus unbelasteten Gewässern, gekocht, Kochwasser vorzugsweise wegschütten (Oxalsäure)	ergiebig und energiereich
Mahonie *Mahonia aquafolium*	säuerlich schmeckende Beeren (ab August)	gekocht und passiert	Zitronenersatz, die restliche Pflanze und die Kerne sind giftig!
Maulbeeren *Morus spec.*	Früchte (ab Juni/Juli)	roh, gekocht oder getrocknet	
Mehlbeere *Sorbus aria*	Früchte (ab Oktober, nach Frosteinwirkung)	passiertes Mus bzw. zu Mehl getrocknetes Mus, vor der Verarbeitung ist ein Erhitzen nötig	
Mohn *Papaver spec.*	voll ausgereifte Samen aller Mohnarten (Juli bis Oktober)	roh (gewaschen) oder gekocht	ältere Blätter und der weiße Milchsaft vom Mohn gelten je nach Literatur als giftig!
Prärielilie *Camassia quamash*	Zwiebeln (November bis März)	in Wasser gekocht (ca. 20–30 Minuten)	als Indianerkartoffel bekannt

Name	Pflanzenteile	Zubereitung	weitere Info
Preiselbeere *Vaccinium vitis-idaea*	Früchte (ab Ende August)	roh oder gekocht	
Rohrkolben *Typha spec.*	stärkehaltige Rhizome (Oktober bis März) und Blattbasis (April bis Juni)	alle Pflanzenteile gekocht, das Rhizom quer zur Faser klein geschnitten, gekocht/passiert bzw. püriert oder nach dem Trocknen vermahlen	Der Breitblättrige Rohrkolben (*Typha latifolia*) steht gebietsweise unter Naturschutz!
Rotklee *Trifolium pratense*	junge Blätter, Blüten, Samen (ab August)	Samen können zu Mehl verarbeitet werden, im Winter als Keimsaat dienen	
Sanddorn *Hippophae rhamnoides*	Früchte (ab Ende August)	roh oder gekocht	sehr sauer, aber gute Vitamin-C-Quelle
Scharbockskraut *Ranunculus ficaria*	Wurzelknollen	Nur getrocknet, da sie sonst giftig sind (*Protoanemonin*)! kann dann zu Mehl vermahlen werden	
Taubnesseln *Lamium spec.*	junge Blätter, Blüten, Samen (befinden sich in den stielnahen Kelchbechern)	roh oder gekocht	

Name	Pflanzenteile	Zubereitung	weitere Info
Veilchen *Viola spec.*	Blüten, Blätter, Samenkapseln und Samen	roh	die Blüten der Hornveilchen sind durchaus ergiebig
Wacholder *Juniperus communis*	ausgereifte, dunkelblaue Samen	roh oder gekocht vor allem als Gewürz	Die süßen Beeren (botanisch Zapfen) wirken nierenreizend – max. 10 Stück am Tag, nicht in der Schwangerschaft! Ihre antibakterielle Wirkung kann Lebensmittel länger haltbar machen
Wald-Geißbart *Aruncus sylvestris*	junge Sprosse vor dem Blattschieben (April bis Mai)	gekocht	
Weidenröschen *Epilobium spec.*	junge Triebe, Blüten, Blütenknospen, Wurzeln (Frühling)	roh oder gekocht	
Weintraube *Vitis vinifera subsp. vinifera*	junge Blätter und Triebe, Blüten, Früchte, ölhaltige Samen	roh oder gekocht	
Wegwarte *Chichorium intybus*	Wurzeln	gewässert (mindestens 2 Stunden) und gekocht, geröstet für Kaffee-Ersatz	
Wiesenknopf *Sanguisorba spec.*	junge Blätter, Triebe, Blütenknospen, Wurzeln	roh oder gekocht	

Was wäre, wenn …

Blackoutvorsorge sollte ein ernstgenommenes Thema sein – der Zivilschutzverband in Österreich gibt hier wertvolle Infos (Vorträge, Broschüren und Website), in Deutschland kann man sich über das BBK (Bundesamt für Bevölkerungsschutz und Krisenvorsorge) sowie in der Schweiz über das BABS (Bundesamt für Bevölkerungsschutz) informieren.

- Es ist stets wichtig genügend Vorräte zu Hause zu haben – vorzugsweise Lebensmittel, die man gerne isst, vor dem Ablaufdatum in den Speiseplan einfließen lässt und dann wieder durch neue ersetzt. Öl, Salz, Essig, Zucker, Backpulver, Hefe und Mehl sollte jedoch immer in ausreichender Menge vorrätig sein.
- Ob man auch in Krisenzeiten in seinem Zuhause bleiben kann, entscheidet vor allem die Möglichkeit an Trinkwasser zu kommen, heizen und kochen zu können. Es ist besser schon im Vorfeld zu überlegen, welche weiteren Optionen in Frage kämen.
- Es ist wichtig die lokalen Landwirte schon jetzt zu unterstützen, um auch in Notzeiten mit Grundlebensmitteln versorgt zu sein.
- Schraubgläser und Flaschen kann man nie genug zu Hause haben. Etiketten lassen sich meist sehr gut lösen, wenn man die Gläser mit etwas Spülmittel in heißes Wasser legt.
- Essbare Landschaften schaffen – ob Sträucher, Bäume oder genießbare Zierpflanzen. Diese Passion kann zu einem wunderbaren Hobby werden.
- Die Anlage eines Gemüsegartens – viele Pflanzen kann man mit selbst gewonnenem Saatgut leicht weiter vermehren (Erbsen, Tomaten, Bohnen, Kürbis ...)
- Stromlose Küchenhelfer sind in Krisenzeiten Gold wert – manueller Fleischwolf, Kaffeemühle, Passiersieb (Flotte Lotte), Steinmörser, Nussknacker, Wasserthermometer ...
- Grundwissen in Erster Hilfe, eine gewisse Ahnung bezüglich Hausmitteln sowie Verbandsmaterial und Medikamente auf Reserve sind einfach wichtig.

- Literatur zu Basiswissen (Bestimmungsbücher, Einkochen, Brotbacken, Gesundheit ...) sollte sich auch in nichtdigitaler Form im Haus befinden.
- Wissen zu tierischer Notnahrung und Survivalkenntnisse können den Horizont erweitern.
- Lebensmittel können auch über das Mindesthaltbarkeitsdatum hinaus verwendet werden – hier sollte einfach Duft und Aussehen (Schimmelbildung?) geprüft werden. Ausgenommen von der optischen und olfaktorischen Begutachtung sind luftdicht verschlossene, eiweißreiche Lebensmittel wie Wurstwaren, Gemüsekonserven und in Öl eingelegtes Gemüse. Würde sich hier der Deckel oder die Verpackung leicht wölben, sollten diese Lebensmittel auch bei unauffälligem Geruch und Aussehen auf keinen Fall mehr roh verzehrt werden. Das Bakterium *Clostridium botulinum* produziert ein starkes Nervengift, das unter Umständen sogar zum Tod führen kann. Werden in Notzeiten solche in Verdacht stehenden Lebensmittel für 15 Minuten auf über 100 °C erhitzt und am selben Tag verzehrt (Sporen können überleben und sich erneut in der Nahrung vermehren und Gift produzieren), ist man auf der sicheren Seite. Werden Fleisch oder Gemüse eingekocht, sollte man sicherheitshalber zwei Mal sterilisieren.
- Das Halten von Nutztieren kann als Krisenvorsorge gesehen werden und darüber hinaus zu einem interessanten Hobby werden – vor allem die Hühnerhaltung ist sehr unkompliziert und kann dort, wo es erlaubt ist, auch in Siedlungsgebieten Raum finden. Die Bienenzucht ist in diesem Kontext ebenso Krisenvorsorge wie auch Leidenschaft.
- Als Spül- und Waschmittelersatz sollte man die saponinreichen Kastanien, Efeu oder Seifenkraut (Kraut und Wurzel) kennen. Hierfür werden die Kastanien bzw. Pflanzenteile grob zerkleinert und in Wasser angesetzt.

Notizen für einen persönlichen Sammelkalender

» Sammelkalender

- Was wächst wann vor meiner Haustür?
- Was kann ich beobachten, was will ich mir für's nächste Jahr merken?

Allgemeines im Jahreslauf

- Jänner/Februar - schon die ersten Winterpilze entdeckt?
- März/April – Baumwasser zapfen – Zucker für das Jahr
- April/Mai – das Zeitfenster für die Herstellung von Laubmehlen (aus Blättern und Kräutern) ist oft nur kurz, junge Triebe und Sprossen kann man nun wunderbar einlegen
- Juni – das erste Obst wird reif
- September – nun beginnt die Hochsaison der Pilze und das Rennen um die Haselnüsse
- Oktober – jetzt heißt es Bucheckern, Edelkastanien, Eicheln und Walnüsse ernten

Index

Weiterführende Kontakte und Infos

LINKS

- www.linz.pflueckt.at/ – Allmendeobst in Linz
- www.mundraub.org/ – Allmendeobst weltweit (mit ausführlichen Steckbriefen)
- www.arche-noah.at/einkaufen/vielfaltsbetriebe – Vielfaltsbetriebe in Österreich
- www.rewisa.at/ – Regionale Wildpflanzen und Samen (Österreich)
- www.zivilschutz.at/thema/blackout
- www.bbk.bund.de/
- www.babs.admin.ch/
- www.einkochen.info/einkochzeiten/
- www.botanikus.de/informatives/giftpflanzen/stark-giftige-pflanzen

EMPFEHLENSWERTE PFLANZENBESTIMMUNGS-APPS

- Pl@ntNet
- Flora Incognita

Quellen, Website- und Buchempfehlungen

- https://www.pflanzen-vielfalt.net/
- https://www.zentrum-der-gesundheit.de/ernaehrung/vitamine/vitamin-d-uebersicht/vitamin-d-pilze-ia
- Bassard, Leonardo Oliver: Einfach Einkochen, Dörren, Einlegen, Einmachen & Fermentieren, 160 leckere Rezepte, um Vorräte haltbar zu machen / Obst, Gemüse, Fleisch, Gebäck, Suppen uvm. /Konservieren & dabei bares Geld sparen. 2. Auflage, Christian Meiler Internetmarketing, Erdweg/Deutschland (2021)
- Bierwolf, Andrea: Fermentista, Du brauchst nur Zeit und Liebe. 1. Auflage, Freya Verlag GmbH, Linz (2021)
- Fleischhauer, Steffen Guido; Guthmann, Jürgen; Spiegelberger, Roland: Essbare Wildpflanzen, 200 Arten bestimmen und verwenden. 26. Auflage, AT Verlag AG, Aarau und München (2022)
- Fortbildungsinstitut, Ländliches: Wildkräuterküche im Frühling. 5. Auflage, Ländliches Fortbildungsinstitut der Landwirtschaftskammer Oberösterreich, Linz (2012)
- Fortbildungsinstitut, Ländliches: Wildkräuterküche im Herbst. 5. Auflage, Ländliches Fortbildungsinstitut der Landwirtschaftskammer Oberösterreich, Linz (2013)
- Gerhardt, Ewald: Der große BLV Pilzführer für unterwegs, 1200 Arten. 1000 Farbfotos. 6. Auflage, BLV Buchverlag GmbH & Co.KG, München (2013)
- Gruber-Stadler, Margret: Heimische Bäume bestimmen in allen vier Jahreszeiten. 1. Auflage, Freya Verlag GmbH, Linz (2021)
- Machatschek, Michael: Nahrhafte Landschaft. 3. unveränderte Auflage, Böhlau Verlag Ges. m. b. H. & Co. KG, Wien Köln Weimar (1999)
- Machatschek, Michael: Nahrhafte Landschaft 2. 1. Auflage, Böhlau Verlag Ges. m. b. H. und Co. KG, Wien Köln Weimar (2004)
- Machatschek, Michael: Nahrhafte Landschaft 3. 1. Auflage, Böhlau Verlag Ges.m.b.H. & Co.KG, Wien Köln Weimar (2015)
- Machatschek, Michael: Nahrhafte Landschaft 4, Von Ferkelkräutern, Wiesenknopf, Ziegenmilch, Ruchgras, Rasch, Birnmehl, Kraterellen und anderen wiederentdeckten Nutz- und Heilpflanzen. 1. Auflage, Böhlau Verlag Ges.m.b.H. & Co.KG, Wien Köln Weimar (2017)
- Obermair, Marianne; Schneider, Romana: Obst haltbar machen. Einkochen, einlegen, trocknen usw. 1. Auflage, Leopold Stocker Verlag, Graz (1998)
- Schaurer, Thomas; Caspari Claus: Der BLV Pflanzenführer für unterwegs, 1150 Blumen, Gräser, Bäume & Sträucher. 5. Auflage, BLV Buchverlag Gmbh & Co. KG, München (2012)
- Spohn, Margot; Aichele, Dietmar: Was blüht denn da? Der Fotoband. 1. Auflage, Franckh-Kosmos Verlags-GmbH & Co. KG, Stuttgart (2010)
- Vogel, Johannes: Pflanzliche Notnahrung, Survivalwissen für Extremsituationen.1. Auflage, Verlag pietsch, Stuttgart (2014)

freya BUCHTIPPS

Zipfelmayer Gerda

Mein Brennnessel-Kochbuch

Rezepte für jeden Anlass

Alles an ihr ist verwertbar: Blätter, Samen, Wurzeln und Stängel. Eine Brennnessel wächst praktisch überall. Sie ist die ausdauerndste Begleiterin der Menschen, die man sich vorstellen kann.

Während eines ganzen Jahres kann man die verschiedenen Teile der Brennnessel nützen und daraus entstehen entweder Köstlichkeiten für die Küche oder volksheilkundliche Anwendungen für die Gesundheit. Verschiedenste unbekannte Rezepturen wurden entweder selbst erfunden oder aus alten Kräuterbüchern ausgegraben.

ISBN 978-3-99025-463-9

Andrea Bierwolf

Fermentista

Du brauchst nur Zeit und Liebe

... und gute Mikroben! Nicht die Menschen haben die Fermentation erfunden, sondern die Fermentation die Menschen. Das Fermentieren von Lebensmitteln ist eine uralte Methode der Haltbarmachung mit Mikroorganismen. Während der Lagerung werden Vitalstoffe vermehrt. Sie brauchen dafür kein Plastik, keine Energie zur Kühlung, keine langen Transportwege um den Globus.

Mit übersichtlichen Anleitungen in Form von Zeitachsen zu sechs Fermenten: Gemüse, Kombucha, Essig, Kefir, Joghurt und Brot. Rezeptideen für die köstlich-knackige Weiterverwendung dieser Fermente sorgen dafür, dass die liebevoll hergestellten Fermente nicht im Keller *versauern* sondern nachhaltige und genussvolle Freude in den Alltag bringen.

ISBN 978-3-99025-508-7

Bildnachweise: © Pia Paulinec S. 42, 67, 116, 182 // Hermann Fleischanderl S. 170, 241 // Adobe Stock ©: COVER: womue (Eicheln) // KERN: SkyLine (Icon Baumwasser, junge Triebe, Sprossen-Grünkraut, Weiterverarbeitung) / mariaassorova (Icon Knospen) / Henrik Larsson S. 4, 84 / mates S. 6, 231 (Walnuss) / antonel S. 5, 130 (Distel) / emilio100 S. 5, 45, 76, 171 (Bocksbart), 45 (rechts oben), 76 / pairoj S. 6 (Judasohr) / imagination13 S. 11 / womue S. 23, 91 / Stéphane Geus S. 27 / KristineRada S. 30 / Ruckszio S. 30 (Freisteller) / dariaustiugova S. 31, 47, 48, 61, 70, 94, 96, 100, 104, 116, 139, 162 / RRF S.40 / JRG S. 41 / Carola Schubbel S. 42 (Freisteller) / Inga Nielsen S. 45 (rechts unten) / Liza S. 53 (Freisteller) / Schmutzler-Schaub S. 54, 236 / sagined S. 55 (Esskastanie) / matho S. 55 (Kastanie) / Diana Taliun S. 57 / Christine S. 64 / Jakub S. 72 / HPE S. 77 / anna608 S. 78 (Garten-Fuchsschwanz) / olyasolodenko S. 78 (Zurückgekrümmte Fuchsschwanz) / Heike Rau S. 79 / Vera Kuttelvaserova S. 86 / Mushy S. 87 / New Africa S. 88, 215 / Marc S.90 / emuck S. 92 / Birute Vijeikiene S. 98 / adamikarl S. 99 (Rauschbeere) / aneriksson S. 99 (Amerikanische Heidelbeere) / Tamara Kulikova S. 101 / sorati64 S. 103 / Insdes S. 105 / orestligetka S. 106 / dule964 S. 107 / Sanja S. 109 / Marina Demidiuk S. 110 / Rita Priemer S. 113 / GabiWolf S. 115 / Melica S. 117 / volff S. 119, 127 / Picture Partners S. 125 / kostiuchenko S. 133 / Joachim S. 135, 149 / Alfred Tschager S. 143 / (Freisteller) / Schlesier S. 152 (Großes Springkraut) / pulia S. 157 / simona S.161 (Scheinerdbeere) / Aleksandr Volkov S. 161 (Freisteller) / ksena32 S.169 / Eleonora S.174 / cobracz S. 176 / domnitsky S. 181 / Hicham S.185 / frank g gerigk S. 186 / Birgit Brandlhuber S. 187 / daisy_y S. 188 / Ivonne Wierink S. 189 / Sergei Sizkov S. 191 (Totenkopf) / unpict S. 191, 208 / Iva S. 192 / Danut Vieru S. 195 / Olha Trotsenko S. 198 / Scisetti Alfio S. 199 / lantapix S. 203 / leomalsam S. 204 / farbkombinat S. 205 / tom S. 210 / spline_x S. 211 / hcast S. 213 / bondarillia S. 219 / Cynthia S.225 (Lilie, giftig) / perfidni1 S. 226 / Nick Taurus S. 228 / Timo Wiemers/Wirestock Creators S. 236, 251 (Satansröhrling) / am13photo S. 237 / Heiko Küverling S. 240 / alicja neumiler S. 243 / lcrms S. 248 / tomasztc S. 250 / Barbora Batokova S. 252 (Gallenröhrling)